Comment marchent les philosophes

Collection Démarches

Les éditions Paulsen sont une société
du groupe Paulsen Media.
www.editionspaulsen.com

Roger-Pol Droit

Comment marchent les philosophes

Paulsen

Je dédie ce livre à tous ceux qui marchent,
sans se contenter de fonctionner

et à Monique, ma compagne,
parce que nous marchons ensemble
depuis quinze ans.

« On voit à la démarche de chacun s'il a trouvé sa route.
L'homme qui s'approche du but ne marche plus, il danse. »

Nietzsche

Premiers pas

AVANCER DEBOUT

De quoi s'agit-il ?
De tomber sans tomber,
et de recommencer,
et ainsi de suite.
Cela s'appelle marcher.
Se déplacer en équilibre, sur terre.
Mais aussi dans les mots,
et dans la pensée.

POUR COMMENCER, trouvez un balcon donnant sur la rue.

Mieux vaut qu'il soit situé vers le cinquième ou sixième étage. Trop bas, il ne vous permettra pas de bien observer. Trop haut, vous risquez de ne plus discerner les détails qui comptent.

Quand vous aurez trouvé ce balcon, commencez simplement à observer les gens qui passent. Attentivement, cela va de soi.

Ce ne sont pas des manteaux et des chapeaux qui arpentent le trottoir et traversent la rue. Vous sentez, vous éprouvez, vous savez, d'emblée, que ce sont bien des êtres humains. Pas des robots, des automates, des semblants d'humains. Mais à quoi le voyez-vous ? Comment en êtes-vous sûr ?

Parce qu'ils marchent.

D'une façon très spéciale, que nous oublions de contempler. Que nous ne voyons plus, à force de familiarité. Cette déambulation est pourtant si particulière qu'aucune machine ne parvient à la contrefaire parfaitement. Ce que n'arrive à accomplir totalement aucun robot, pour l'instant, c'est bien cette série de gestes particuliers, minimes, humains.

Car ces corps qui marchent, juste en dessous, avancent pas après pas, mettent un pied devant l'autre, puis l'autre devant l'un. Évidemment. Mais pas seulement. Ils font beaucoup mieux.

Si vous observez bien ces humains, vus du dessus, en train de marcher, vous trouverez vite le spectacle singulier. Curieux balancement, étrange manière d'avancer, toujours en déséquilibre, se rééquilibrant, se redéséquilibrant. Cette démarche paraît simple, spontanée, automatique. Elle n'en est pas moins le résultat d'un long apprentissage, d'un incroyable effort accompli par chacun pour passer, dans sa petite enfance, de la reptation à la marche à quatre pattes, de la marche à quatre pattes à la marche debout, seule humaine.

C'est aussi le résultat d'une immense évolution de toute l'espèce – voire de tous les vivants, depuis les invertébrés jusqu'aux mammifères – pour passer du déplacement à cette bizarre progression sur deux pieds. Qu'y a-t-il donc d'étrange ? Ce fait unique : se déplacer debout.

Seul, parmi toutes les espèces, l'humain se déplace debout. Ce que nous appelons « marcher », c'est avancer debout. Depuis des millions d'années, nous en avons fini avec les quatre pattes. Nous en avons fini aussi, pour aller d'un endroit à un autre, avec les quatre mains, celles des grands singes, dont les mains, utiles pour attraper les lianes, les branches, et s'agripper un peu partout, leur servent aussi à marcher. Nos pieds ne s'aident plus des mains, doigts pliés, pour s'appuyer au sol. Nous nous sommes dressés pour avancer.

Cette situation connue, hyperbanale, demeure énigmatique. Opaque, à force d'être familière. Dans ce qui est bien connu subsiste, le plus souvent, du non-interrogé. C'est là qu'il faut porter l'attention.

Chute provoquée et empêchée

Regardons, à nouveau, depuis le balcon. Étonnant ballet ! Quelle drôle de façon possède chacun des passants d'avancer un pied, de le poser au sol, de lancer aussitôt le suivant, de le poser à son tour, de revenir au pied précédent… Vu du dessus, on dirait que tous veulent balayer, peu à peu, chaque mètre de terrain avec la jambe qui avance. Que font les bras ? Regardez bien : certains les balancent, d'autres les gardent plus ou moins fixes, mais toujours le torse rééquilibre les mouvements des jambes.

Voyez ce mouvement d'ensemble, regardez le temps qu'il faudra. Bientôt, vous aurez sous les yeux cette évidence : la marche est un début de chute, l'amorce d'une chute, qui est d'abord provoquée, puis aussitôt empêchée, puis recommencée et réempêchée… indéfiniment. Mettre un pied devant l'autre, c'est se faire presque tomber, se rattraper, se refaire tomber à peine, se rerattraper, sans cesse. Le mouvement est produit par cette amorce de chute constamment entretenue et arrêtée. Nous le savons, intuitivement. Nous n'y pensons presque jamais, bien que nous marchions tous les jours, pour la plupart d'entre nous.

Cette singularité de la marche humaine ne nous apparaît plus parce que nous maîtrisons la situation. Nous avançons sans y penser. Nous sommes devenus si stables dans ces mouvements alternés, si habiles à manier le jeu permanent des déséquilibres-rééquilibres, que le mécanisme de base nous échappe. Nous nous tenons droits, nous n'avons pas l'impression de tomber, pas même d'amorcer une déstabilisation. Nous marchons, tout simplement. Ce n'est pourtant pas si simple.

Regardez de nouveau les passants, leur balancement régulier. Vus de dessus, ils donnent l'impression d'avoir le haut du corps pratiquement immobile. Ils lancent en avant, alternativement, une jambe, puis l'autre, comme s'ils poussaient devant eux quelque objet invisible. Certains vont vite, d'autres lentement. Certains se déplacent avec difficulté, se déhanchent plus que d'autres. Il y a ceux qui sont entravés par un excès de poids, ou les atteintes de l'âge. Pourtant, tous marchent.

Plus vite, moins vite, de manière svelte, sautillante, élégante, pesante, lourde, traînante… Peu importe. En fait, tous ont la même tactique – vous le saviez, déjà, évidemment, mais vous l'aviez oublié : chacun enchaîne continûment débuts de chute et rattrapages, micro-déséquilibres et rééquilibres, commence à tomber vers l'avant, se retient en lançant l'autre jambe. Mais l'autre jambe fait tomber vers l'avant, et chacun se retient en relançant la jambe précédente. Il y a donc esquisse de chute, indéfiniment répétée, suivie de redressement, indéfiniment réitéré.

Si jamais vous doutez de ma description, faut-il que je vous montre que je ne suis pas le seul à avoir remarqué cette chute permanente provoquée-évitée par la marche humaine ? Dans l'*Encyclopédie* de Diderot et d'Alembert, le chevalier de Jaucourt, à l'article « marcher », soulignait déjà cette étrangeté[1]. Plus près de nous, un des meilleurs spécialistes de cette question écrivait : « La façon humaine de marcher est une activité à nulle autre pareille, au cours de laquelle le corps, à chaque pas, frôle la catastrophe. La déambulation du bipède humain a des allures de catastrophe potentielle, car seul le mouvement rythmé qui pousse une jambe puis l'autre vers l'avant l'empêche de se casser la figure[2] ».

Si vous êtes vraiment sceptique, vous pourriez répliquer que nous sommes, ces auteurs et moi, plusieurs à nous tromper. Et une erreur partagée n'en devient pas pour autant une vérité, je vous l'accorde. Alors, faites donc cette simple expérience.

Debout, immobile, pieds joints. Avancez le pied droit mais sans le reposer aussitôt au sol. Ainsi, vous n'avancez pas. Pour commencer à marcher, il faut poser

1. On lira un extrait de son texte p. 156-157 de ce livre (sur Diderot).

2. John Napier, « The Antiquity of Human Walking », *Scientific American*, avril 1967.

ce pied. Mais comment ? Soit vous le posez tout de suite, pas loin, sans élan, et alors vous restez immobile sur vos deux pieds, le droit en avant, désormais. Soit vous lancez votre pied droit assez loin, avec un élan de tout le corps. Dans ce cas, de deux choses l'une. Si vous n'envoyez pas l'autre pied avec l'autre jambe, vous tombez. Si vous passez le pied gauche en avant, vous évitez la chute. Vous marchez…

Ce double mouvement est ce qui nous fait avancer. Or, ce mouvement est très particulier : il se contrarie, s'oppose à lui-même, ne cesse de s'autodétruire, ou plutôt de se combattre en permanence, et en même temps de se prolonger, de s'entretenir et se perpétuer. Nous n'arrêtons pas de nous élancer vers le déséquilibre pour retomber d'aplomb. Stables dans l'instabilité. Nourrissant le déséquilibre, nous y installant, l'organisant. C'est ainsi que nous nous déplaçons. Cette façon de marcher nous caractérise.

On a compris. Inutile de répéter. N'y pensons plus.

Non ! Je propose, au contraire, d'y penser. De creuser ce constat : la marche est une minichute, provoquée-évitée, déclenchée-rattrapée. Je veux tenter d'y voir plus clair, interroger cette évidence, chercher ce que renferme cette manière d'avancer par esquisse d'un effondrement, qui est toujours continué et toujours empêché. J'aimerais, si possible, en tirer quelques conséquences, que nous omettons le plus souvent de prendre en compte, faute de nous y attarder.

Pêle-mêle, quantité de questions surgissent : s'agit-il vraiment d'une chute ? Seulement de son amorce ? Pourquoi choisir comme style de locomotion ce balancement, cet évitement permanent, cet équilibre instable ? Cela dit-il quelque chose de l'humain ? Des corps, du langage, de la pensée, de notre vie ? Évidemment oui. Mais quoi ?

Juste un pas

Procédons par ordre. Quand trop d'interrogations se bousculent, il faut calmer le jeu. Sinon, les questions se chevauchent, s'entremêlent et s'entortillent. Nous appelons « marcher » des activités dissemblables, qu'il s'agit d'abord de distinguer. Je voudrais donc repartir du plus simple : pour marcher, combien de pas faut-il faire ? Deux, trois ? Ou bien des milliers ?

On dira d'un enfant qu'il marche dès qu'il parvient à faire quelques pas. Mais, de l'adulte qui ne pratique pas la randonnée, ne participe à aucun trekking, ne s'accorde pas même une promenade, on affirmera qu'il ne marche pas. Ce qui, en un sens, est vrai. Et, en un autre sens, faux, de toute évidence.

Nous avons fini par croire que marcher devait être une activité à part entière. Nous avons réservé notre représentation de la marche aux longues excursions, aux trajets de plusieurs heures. Ainsi va-t-on faire « une marche » – en montagne, en forêt, dans la campagne, au bord de mer – comme si marcher devait être nécessairement une activité spécifique, existant par elle-même – non pas un geste humain premier, une manière d'être au monde originaire, élémentaire, essentielle.

Cette singularisation de la marche est compréhensible dans les sociétés où presque tous les déplacements sont mécanisés, motorisés, pris en charge par des machines. Dans les mondes anciens, aujourd'hui encore dans quelques lieux traditionnels, pareille distinction n'existe pas. Se déplacer, aller quelque part, chasser, cultiver, voyager, rendre visite supposent toujours de marcher – une heure, plusieurs heures, parfois des journées entières – et cela est aussi simple que d'aller de son lit à sa porte.

Au contraire, nous avons à présent – nous autres mécanisés, transportés assis ou debout, de métros en avions, de trains en voitures – le sentiment que nous devons, par moments, nous consacrer entièrement à la marche. À mesure qu'elle dure, elle nous prend, nous envahit, transforme nos gestes, notre rythme respiratoire, nos pulsations cardiaques. Elle configure aussi nos pensées autrement. La marche comme activité centrale, à laquelle on s'adonne et s'abandonne, entraîne pour la pensée une série de modifications, de *stimuli* nouveaux comme d'inhibitions particulières qui transforment son cours.

Ce retour à la marche longue nous réinsère dans la nature, dans la lenteur de la progression corporelle, dans l'endurance des muscles et du souffle. Cette marche nous réintègre dans le paysage, nous fait prendre conscience concrètement des reliefs, des distances, des sols. Elle nous rend aux rythmes anciens, profonds, cosmiques, à la fatigue des déplacements, à la récompense des panoramas se dévoilant d'un coup au détour d'un col ou d'un sommet. Tous ces aspects de la marche longue – qu'ils soient physiques, psychologiques, moraux, littéraires, philosophiques… – ont été largement redécouverts et célébrés ces derniers temps[3].

Mais cette exploration multiforme des effets de la randonnée a fini par recouvrir une évidence plus simple, et plus universelle : celle de la marche elle-même – de deux pas, de trois pas, de vingt ou de cent, peu importe… – qui est notre mode humain de déplacement. Même sédentaire, inactif, même presque impotent, si nous sommes en mesure de nous lever, d'aller d'une table à un lit, d'un lit à un fauteuil, nous marchons. De manière minimale, je l'accorde, cependant nous marchons. Indiscutablement.

Je comprends bien qu'une distinction existe entre faire trois pas et passer trois jours en randonnée. J'admets parfaitement qu'il s'agisse de mondes très différents. Je conçois qu'il faille explorer ce qui les sépare. Mais je soutiens qu'il faut commencer par annuler cet écart, faire comme si, dans tous les cas, il ne s'agissait

3. Voir les ouvrages signalés en annexe.

que de marcher – d'accomplir ce mouvement, si simple et si complexe, qui se réalise en mettant un pied devant l'autre. Le fait de marcher, dans sa singularité première, c'est de là qu'il faut repartir.

Lorsqu'on affirme qu'un enfant marche, qu'on demande si un patient récemment opéré peut marcher, qu'on espère qu'une personne très âgée soit encore en mesure de marcher, personne n'envisage de randonnée ni de promenade. Chacun parle de ce simple et énigmatique déplacement debout, d'un point à un autre. Il faut y insister : il nous définit.

Marcher, parler, penser… même combat ?

Humains, nous sommes des « êtres marchants ». La marche peut définir l'humain tout autant que la parole et la pensée. Il est le seul, de tous les vivants, à se déplacer ainsi. C'est pourquoi il me semble qu'on ne peut se contenter de juxtaposer ces définitions de l'humain : être marchant, être parlant, être doué de raison. Il faut en explorer les liens, en examiner l'éventuelle unité. Car se redresser pour marcher fut apparemment, pour notre espèce, le geste qui a permis de parler et de penser. Quand l'humain a commencé à marcher, il a commencé aussi à parler et à penser.

D'ailleurs, il en va de même pour l'individu. C'est au même âge que l'enfant se met debout, parvient peu à peu à avancer – avec quelles hésitations, difficultés, chutes et rechutes – et commence à acquérir des mécanismes logiques, des possibilités de nommer les choses, de comprendre des phrases, de dire ses propres pensées. Si l'on admet que marcher c'est être humain, et que marcher et penser vont de pair, nous voilà sur la piste d'une nouvelle réflexion : quelles passerelles conduisent du bipède qui avance, animal marchant debout, à l'animal parlant-pensant ?

Il est curieux qu'on ait si peu repéré l'étroite parenté de la marche, de la parole et de la pensée. On rappelle souvent comment parole et pensée sont liées, comme recto et verso d'une même activité. Un peu de grec suffit pour savoir que la définition de l'humain par Aristote comme « zôon logikon » signifie vivant (« zôon ») à la fois « parlant » et « doué de raison » : « logos » désigne la parole-raison, et l'adjectif « logikon » renvoie en même temps à « capable de parler » et « en mesure de penser ». Les deux ne se séparent ni ne se distinguent. Mais la marche, comment s'insère-t-elle dans cette histoire ?

Entre l'homme animal marchant debout, sur ses deux pieds, et l'homme animal parlant-pensant, quel rapport ? Une simple juxtaposition de qualités, dépourvues de connexions entre elles ? Il se trouverait que cet animal marche debout, d'une part, et que c'est un être parlant-pensant, d'autre part. Mais les deux traits n'auraient pas de rapports profonds. Ou bien il existe, entre ces caractéristiques humaines, un lien plus puissant, plus profond, encore mal élucidé. J'ai tendance à le croire.

Ce livre est construit autour de ce lien entre marcher, parler et penser. Pas question de soutenir qu'il s'agit là d'une seule et même activité, ce qui serait absurde, de toute évidence. Bien que je n'aie pas la solution ultime ni le résultat définitif, il me semble que le rapprochement concerne ce mouvement même de chute et rattrapage qui fait avancer. Mon hypothèse : cette même structure sous-tend sans doute notre marche bipède, notre comportement d'être parlant et notre démarche d'être pensant.

Quand nous parlons, nous passons d'un mot à l'autre pour que la phrase avance, que le sens progresse et se transmette. Chaque mot débouche sur le silence. Ce qu'on veut dire est sur le point de s'effondrer, de disparaître, de sombrer. La phrase entamée pourrait... (si je m'arrêtais là, ce serait la chute ! mais non, un autre mot rattrape le sens, le poursuit, comme un pas suivant...) mourir si elle n'était pas toujours restabilisée par le mot d'après, la suite exigée par la syntaxe et par la signification. En ce sens, nos phrases marchent. Parler, c'est aussi, comme marcher, progresser par débuts de chutes successives, évitées et renouvelées.

La pensée opère-t-elle comme la marche ? Où pourrait nous conduire l'idée qu'elles sont jumelles, qu'elles renvoient l'une à l'autre – en miroir, en correspondance, en connivence ? Penser, en quel sens est-ce se redresser, cesser de regarder le sol, se mettre debout ? En quel sens est-ce avancer, cheminer ? Pour aller où ?

Pourquoi penser serait-il un mouvement, une forme de voyage ?

Un pas de plus et se présente l'hypothèse d'une structure identique de la pensée et de la marche. La pensée, elle aussi, existe-t-elle en tombant presque et en se retenant ? En risquant de s'annuler pour réexister ? Il se pourrait bien que la critique de nos idées, leur examen rationnel, soit une manière de tenter de les faire trébucher. Une objection, une analyse critique nécessairement déstabilisent, font vaciller ce qu'on croyait évident et fixe. Examiner une idée, c'est d'abord lui faire perdre son assurance. Mais elle se défend, se rattrape, trouve un nouvel appui un peu plus loin, avant d'être rattrapée par une nouvelle objection, et ainsi de suite.

En ce sens, nos pensées marchent. Quand elles sont mises à l'épreuve – et la philosophie constitue au plus haut point cet exercice – leur manière de fuir en avant ressemble de très près au mouvement de contrariété interne, provoquée et surmontée, qui se tient au cœur de la marche. Marche et philosophie se trouvent sans doute dans un mouvement semblable de chutes et redressements permanents. La pensée, dans l'exercice de la philosophie plus que partout ailleurs, avance en provoquant le risque de son effondrement, en ne cessant de le contrecarrer par un nouveau rebond, un nouvel élan.

Peu importe la durée du parcours. On marche ou pense, dès que ce mouvement opère, que ce soit trois secondes ou trois jours. Il est possible de mener, dans la pensée philosophique, de grands voyages, des périples au long cours, d'approfondir des questions une vie durant. Mais il peut s'agir simplement de penser minute par minute, heure par heure, au quotidien, aux gestes présents, à ceux que l'on projette, aux réponses à fournir aux situations qui surgissent. Dans tous les cas, penser et marcher se ressemblent. La pensée ne progresse, elle aussi, que par équilibre instable. Elle se déstabilise et se rétablit, indéfiniment, pour aller plus loin.

Plus que des métaphores

Il est habituel de distinguer la marche (la vraie, la corporelle) et des façons métaphoriques d'en parler (la marche d'un récit, la marche d'un raisonnement). Je ne prétends pas que cette distinction doit être annulée, ce qui reviendrait à croire qu'en marchant dans sa tête on marche réellement, alors que la plus triviale expérience montre que ce n'est pas le cas : *Le Penseur* de Rodin n'a rien d'un randonneur… Pourtant, je soutiens que ces façons de parler sont plus que de simples métaphores. Elles renvoient à une réalité commune à la marche, à la parole et à la pensée. Telle est mon hypothèse.

Se contenter de parler de métaphores suppose que c'est simplement par comparaison, par analogie, que l'on emploie le vocabulaire de la marche pour parler d'autres activités. Pourtant, ma conviction est que c'est moins simple. Si on admet en effet qu'il existe une relation forte entre les traits fondateurs de l'humain – marcher, parler, penser –, si l'on constate, en outre, que ces trois traits ont une commune structure (la chute entamée-rattrapée-reproduite), alors il est nécessaire de conclure qu'une forme de réalité identique se retrouve dans ces activités humaines apparemment dissemblables. Les registres sont distincts, les modalités disparates, cela va de soi. « Quelque chose » les rassemble pourtant. En marchant, en parlant, en pensant, nous faisons, en un sens, la même chose. Je laisse ouverte la question de savoir quoi, et celle de savoir pourquoi (configuration du cerveau ? contraintes de l'évolution ?). Je me contente de supposer l'existence de cet x.

Et je prends le pari que la marche et la philosophie peuvent nous en apprendre sur cet x, autant qu'elles nous en apprennent l'une sur l'autre. Entre elles deux, en effet, il y a, plus qu'une proximité, une similitude d'architecture, une analogie de structure. Dans la marche et dans la pensée philosophique se discernent des modes de fonctionnement comparables, des manières d'être parentes.

La philosophie est toujours, si l'on ose dire, « en état de marche ». Ce qui ne signifie évidemment pas « capable de fonctionner », par opposition à « détériorée » ou « en panne ». L'expression indique que la philosophie ne se poursuit qu'en raison d'un mode d'existence semblable à celle de la marche : avancer en tombant, en s'empêchant de tomber de manière répétée, indéfiniment recommencée.

Pour creuser cette intuition, et explorer ce qu'elle peut faire voir, il faut s'intéresser aux relations des philosophes avec la marche, ce qui nous renseignera aussi, chemin faisant, sur la pensée en général. Les philosophes n'ont certes pas le monopole de la pensée. Mais, au fil des siècles, ils configurent son cadre, façonnent ses silhouettes principales, délimitent ses conditions d'exercice. C'est pourquoi, afin d'approcher de façon incarnée la relation entre marche et pensée, nous allons ensemble tenter d'observer des philosophes qui marchent.

Scruter le détail des gestes

Nombreuses sont les scènes où des philosophes pensent et parlent en se promenant, de l'Antiquité à nos jours. Ils font alors de la parole qui réfléchit une activité commune avec celle du corps qui se déplace debout. En fait, ils ne séparent pas l'avancement des analyses et des réflexions, la marche des démonstrations, l'avancée pas à pas des arguments et des objections, de tous les trébuchements et déambulations de la marche physique. Ces philosophes « parlent-marchent », ou « marchent-parlent », comme on voudra : leurs réflexions, orales ou écrites, adoptent une manière d'avancer qui relève de la marche.

Les portraits de philosophes-marcheurs, l'analyse de scènes de marche dans la philosophie ne disent pas seulement de quelle manière tel penseur met un pied devant l'autre, ni même quelles articulations subtiles il élabore entre ses démarches corporelle et intellectuelle. Je suis convaincu qu'en regardant des philosophes marcher, en scrutant leurs déhanchements et déambulations, on discerne souvent, par la même occasion, l'essentiel de leur attitude philosophique. On entrevoit donc « comment ils marchent »... à tous les sens.

Ces aperçus que fournit la marche, il m'a paru nécessaire de ne pas les séparer de cette série d'expressions – série extraordinaire, omniprésente – qui unit, de cent manières, la pensée et la marche. Tout au long du développement de la philosophie, il est constamment question de « la marche » de l'esprit, de « l'avancement » d'une doctrine, des « pas » qu'une découverte permet à la pensée d'accomplir. « Itinéraires », « périples », « chemins » sont constamment évoqués pour désigner... les parcours (décidément, pas moyen d'en sortir !) de la pensée elle-même.

D'une manière ou d'une autre, que nous en ayons conscience ou non, nous sommes toujours en train de nous représenter les philosophies – et même l'ensemble de nos réflexions, de nos investigations intellectuelles, de nos démarches cognitives – comme des façons de marcher, des déplacements spatiaux que nous effectuons. L'ancrage profond de la parole et de la pensée dans la marche humaine affleure à tous les coins de page, dès qu'on y prête attention.

Je vais donc suivre des philosophes qui marchent, examiner leurs gestes et leurs trajets, et les mettre en scène, pour mieux voir, en détail, comment ils se meuvent. Je vais écouter aussi des philosophes parlant de la marche – celle de l'humanité, de l'histoire, de l'esprit, du progrès… – pour mettre en lumière la connexion intime qu'entretiennent marche et philosophie, parfois à leur insu. Je chercherai également ce que la marche fait à la pensée, en repérant ses points d'impact. Comment le fait de marcher – non pas quelques instants, mais des heures, des journées entières – peut-il modifier la réflexion ? Transformer l'attitude philosophique ?

« Dis-moi comment tu marches, je te dirai comment tu penses », voilà le fil directeur de la promenade. En observant façons de marcher, déambulations, trajectoires, je chercherai à esquisser des gestes de la pensée.

Cessons donc d'imaginer les philosophes immobiles. Ils ne sont pas perpétuellement assis, en train d'écrire ou de méditer, avec à leur portée, sur leur table, des livres, des feuilles, une plume d'oie ou un clavier. Ils ne sont pas non plus forcément en train d'enseigner dans une salle, statiques. Cette représentation du philosophe figé est moderne. Les Anciens, Grecs ou Romains, déambulent souvent en parlant de philosophie. Ils ne sont pas les seuls. Les penseurs médiévaux voyagent à pied, ceux de la Renaissance aussi, le plus souvent. Les Modernes ne sont pas en reste, ils se font promeneurs solitaires ou deviennent théoriciens à l'avant-garde des foules en marche. Les styles diffèrent, et les époques. Pas le souci constant d'avancer pas à pas.

Voilà déjà trop de mots. Il est temps de marcher ensemble.

Première promenade

EN COMPAGNIE DES MARCHEURS ANCIENS

Ils raisonnent en déambulant,
débattent en se promenant,
font les cent pas à plusieurs.
Philosophes d'Athènes ou de Rome,
ils parlent d'atteindre pas à pas la vérité.
Ou la déclarent inaccessible.

TOUS LES PHILOSOPHES anciens pensent-ils en marchant ? Non. C'est là une légende, ou plutôt une représentation déformée. Car ils sont souvent assis, pour lire ou pour dicter, pour donner un cours à une assemblée d'étudiants-auditeurs, immobiles eux aussi. Qu'ils soient grecs ou romains, les penseurs de l'Antiquité ne sont pas sans cesse en train de déambuler. Pourtant, ils marchent bien plus que nos contemporains. Plus fréquemment, et autrement. D'abord parce qu'ils vivent dans un autre monde, où les petits déplacements comme les longs trajets se font le plus souvent à pied. Dans toute l'Antiquité, routes maritimes mises à part, les armées avancent en marchant, les marchandises transitent au rythme des pas. Et les idées cheminent, elles aussi, à la cadence des marcheurs.

C'est donc souvent en marchant que les philosophes des temps antiques pensent, parlent, jugent. Ils sont aussi bien plus attentifs que nous à ce que disent les démarches. Tout leur parle : les manières d'allonger le pas, les mouvements des bras, le port de tête, les rythmes de chacun.

C'est pourquoi, en cheminant en compagnie de quelques-uns d'entre eux, il faut prêter attention à la façon dont ils se déplacent, scruter les détails de leurs déambulations. Mine de rien, on y approchera peut-être quelques vérités importantes. Car dans ces gestes minimes, ces petits pas accomplis çà et là, s'esquissent des mouvements de fond de la philosophie antique. Depuis celui qui ne marche pas vraiment, parce qu'il dit en poète comment marche le monde, jusqu'à celui qui parcourt le monde à pied, parce qu'il sait que les sages n'ont pas de patrie, il faut suivre quelques-uns de ces voyageurs sur les routes antiques, pour commencer à comprendre comment marchent les philosophes.

1

La sandale mystérieuse d'Empédocle

Il se déplace en char, et porte des sandales de bronze. Le paradoxe, c'est donc qu'il ne marche pas vraiment. Reste à savoir pourquoi.

Sa sandale était faite de bronze, dit-on. Curieux. Elle aurait été rejetée par le cratère de l'Etna, après qu'Empédocle se fut suicidé, en se précipitant dans les flammes du volcan.

Cette histoire, fort invraisemblable, est devenue un mythe moderne. Novalis, grand romantique allemand, chante les sandales d'Empédocle. Lacan, psychanalyste qui se piquait d'allusions pointues, transforme ce penseur antique en figure de héros suicidaire, incarnant l'existence humaine comme « être-pour-la-mort » selon Heidegger.

Pourtant, on ne sait rien de la manière dont Empédocle a réellement terminé sa vie. Dès l'Antiquité, des fables prolifèrent à ce sujet. Des témoignages, transmis surtout par Diogène Laërce, soulignent que les disciples et contemporains d'Empédocle s'étonnaient de l'absence de sa tombe. Voilà la seule donnée sûre.

Pas de tombe. C'est énigmatique, car l'homme était célèbre, issu d'une grande famille aristocratique, fort influente en Sicile. Il avait joué un rôle important dans l'histoire de sa cité, Agrigente, par ses missions diplomatiques, ses positions politiques et ses interventions spectaculaires, arrêtant le vent, bloquant la peste... On s'attendrait donc à voir sa sépulture connue, visitée, honorée.

Mais personne, apparemment, ne savait où Empédocle était enterré. Ce mystère a engendré de multiples récits. L'histoire la plus connue (saut mortel dans la lave incandescente, sandale rejetée par le volcan) n'est pas la seule. Un autre récit explique la disparition d'Empédocle par son ascension vers les dieux : après avoir ramené à la vie une femme tenue pour morte, il s'endort à l'écart. Au matin, on ne le retrouve pas. Un serviteur « déclara qu'au milieu de la nuit, il avait entendu une voix d'une extraordinaire puissance qui appelait Empédocle, puis que, s'étant levé, il avait vu une lumière céleste et un éclat de torches et rien d'autre ».

On ne voit donc pas Empédocle marcher. Il monte au ciel, happé, rapté, ôté du monde, soustrait aux regards. Ou bien il est anéanti par la lave en fusion, et sa sandale seule rejetée. Auparavant, quand il arpente la Sicile – où il est né, comme ses ancêtres, et où se déroule son existence –, c'est en char qu'il voyage.

J'assume ce paradoxe : notre promenade commence avec un personnage qui ne semble pas mettre un pied devant l'autre. Empédocle a l'air de ne pas toucher terre.

Et l'histoire de sa sandale intrigue. Ce penseur-poète ne s'est probablement pas aventuré sur l'immense volcan. Il ne connaissait sans doute même pas l'existence des cratères : il n'en dit rien, dans son œuvre, quand il explique le fonctionnement du monde, de l'air et du feu. Et cette chaussure, elle aussi, a de quoi déconcerter. Certains textes en parlent au pluriel, d'autres au singulier. Toutefois, au lieu de chercher si l'Etna a rejeté une ou deux sandales, il faudrait s'étonner du bronze. Qu'est-ce qui est en bronze, dans cet objet de légende ? La semelle ? Impossible, car comment marcher avec pareille semelle ? Pesante, totalement rigide, incapable de plier, elle rendrait vite la marche affreusement pénible, comme les semelles de plomb des scaphandriers. Sans doute est-ce l'armature de la sandale qui est en bronze, afin de souligner qu'elle se distingue par quelque chose de rare. Cette singularité la rend noble. La sandale de bronze est supposée inusable, voire éternelle. Avec pareille sandale, peut-être marche-t-on pour toujours. Ou bien jamais ? Elle s'oppose, en tout cas, à la marche réelle.

Il faut tenter de prendre le problème à l'envers : pourquoi donc, à l'orée de la philosophie, en un temps où la marche physique ne cesse d'occuper les penseurs, Empédocle est-il censé se déplacer en char, avec des sandales de bronze ? Pourquoi donc est-il supposé disparaître, en ne laissant derrière lui que cet objet, avec lequel il semble difficile de se déplacer à pied ?

Pour approcher cette énigme, il faut préciser qui est Empédocle. C'est un mage, autant qu'un philosophe. Son chant se tient à la frontière de la parole inspirée et du discours rationnel. Il appartient à cette série de penseurs qui sont encore des sages investis de pouvoirs exceptionnels sur les êtres et la nature. Ces « maîtres de vérité », comme les nomme l'helléniste Marcel Detienne, peuplent les commencements de la pensée grecque, avant l'émergence des discours philosophiques proprement dits. Empédocle, il faut le répéter, est supposé capable d'arrêter les vents, de mettre fin à des maladies, de faire venir la pluie…

Parce qu'il sait comment marche le monde. Sur deux jambes, en passant constamment de l'une à l'autre… En effet, sa doctrine a pour centre le couplage, dans l'existence universelle, de l'Amour et de la Haine. Ce qu'il nomme « Amour » n'est pas simplement le sentiment attirant deux amants l'un vers l'autre – désir, érotisme, passion. C'est l'ensemble des forces cosmiques qui rassemblent, réunissent et relient non seulement les amoureux, mais toutes les choses s'attirant les unes les autres.

Amour, chez Empédocle, nomme la force de cohésion, d'agrégation, qui fait tenir ensemble les éléments du monde.

À l'opposé, la Haine est la force qui disloque, désagrège, dissocie, disperse…

Indéfiniment, l'amour vient rassembler, la haine disperser. Par l'alternance de ces deux forces opposées marchent le monde, l'histoire des espèces, le cours des vies animales et humaines. Tout se trouve traversé par ces opposés, allant perpétuellement dans un sens et dans l'autre.

Cette marche du monde, tension sans fin entre dispersion et rassemblement, évoque le processus de notre marche corporelle, qui désunit notre équilibre et le ressoude aussitôt. Empédocle transpose-t-il dans l'ordre cosmique le principe de la marche du corps humain ? On peut l'envisager. Si marcher résulte pour nous de la lutte constante entre la chute et le rattrapage, la marche cosmique résulte elle aussi de la lutte entre la dispersion et le rassemblement, sous les noms de Haine et d'Amour. Le monde, pour continuer, se lie et se délie en tous ses éléments, sans cesse. Le cosmos selon Empédocle marche entre rassemblement et dispersion, comme nous marchons entre chute et rattrapage.

Cela dit-il pourquoi ce mage a disparu ? Peut-être. Ayant indiqué comment le monde marche, le protophilosophe peut disparaître. Il a parlé, dit l'essentiel. Il peut s'effacer. Sa marche et celle du monde désormais coïncident. Transfiguré en paroles de vérité, il s'évanouit, ne laissant qu'un résidu symbolique, la sandale.

Que pourrait symboliser cette sandale ? Peut-être son poème, qui nous sert à marcher à sa suite, plus ou moins commodément, comme si nous devions chausser, à notre tour, une sandale de bronze pour tenter d'avancer à son pas.

Évidemment, ce ne sont que des hypothèses, presque des rêveries. Ces élucubrations sont des fumerolles de volcan, des promenades dans les nuées. D'autres encore seraient envisageables. Empédocle, qui croit à la métempsycose, explique qu'il passe de vie en vie, qu'il fut poisson et mammifère, qu'il est homme, et sera dieu… Ce qui pourrait expliquer avantageusement sa disparition.

Il est temps de rejoindre ceux des Anciens qui marchent, parlent et pensent plus simplement.

2

Le va-et-vient de Protagoras

Entouré d'auditeurs attentifs, le marchand d'idées déambule, se retourne, part en sens inverse, et ainsi de suite. Socrate ironise.

Socrate a décidé d'aller avec ses amis rencontrer ce Protagoras dont la renommée attire les clients. Ce beau parleur est marchand d'idées. Il vend de prétendues connaissances, présentées comme des moyens de s'améliorer personnellement, mais aussi d'acquérir de l'emprise sur les autres, et même du pouvoir sur les foules. Voilà qui vaut le déplacement !

Socrate et ses amis marchent donc. Ils se hâtent pour en savoir plus, découvrir enfin qui est ce Protagoras dont tout le monde parle. Ils veulent surtout comprendre ce qu'il enseigne, juger si ce qu'il dit est vrai ou non. Ils pressent le pas à travers les ruelles d'Athènes.

Enfin arrivée, la petite troupe doit attendre. Les portiers de Callias, riche Athénien, prennent d'abord Socrate et ses amis pour des concurrents, venus vendre leur savoir, eux aussi, comme font tous les sophistes.

C'est ainsi qu'on nomme ces vendeurs ambulants, comme Protagoras, mi-érudits, mi-avocats, en équilibre instable entre philosophes moralistes et professeurs d'éloquence. Des coachs antiques, en quelque sorte. Ils gagnent leur vie, parfois richement, en apprenant aux jeunes aristocrates à parler. C'est-à-dire à séduire les assemblées, ce qui revient, dans le système politique athénien, à détenir le pouvoir.

Le sophiste se targue en effet d'enseigner les techniques efficaces pour emporter l'adhésion des auditeurs, gagner leur assentiment, les rallier à son point de vue. Non pas à cause de la vérité de ce qu'il dit, mais grâce au pouvoir de séduction de ses propos. Par le biais de la rhétorique, ce qu'il affirme *paraît* plus vrai que ce que dit l'autre. Il parvient donc à convaincre, même s'il a tort en vérité. Le sophiste détient là un pouvoir étonnant, qu'il se fait fort de transmettre moyennant une forte rétribution. Car c'est là un bien grand pouvoir, en particulier dans cette cité d'Athènes, où tout se joue dans la parole, dans les tribunaux comme dans les assemblées où vote le peuple, conformément à une démocratie directe.

Socrate attend donc devant la porte pour rencontrer Protagoras et observer la cohorte d'auditeurs qui l'accompagne. En entrant dans la maison, Socrate découvre notre homme marchant de long en large, suivi par la troupe serrée de ses disciples du jour. Il en donne, formulée par Platon, la description que voici : « Protagoras marchait dans la galerie et, à sa suite, marchaient avec lui d'un côté Callias, fils d'Hipponicos, et son frère Paranos, fils de Périclès, etc., etc. D'autres encore, qui venaient derrière eux, les suivaient en cherchant à entendre ce qu'ils disaient : pour la plupart, il s'agissait manifestement d'étrangers que Protagoras entraîne à sa suite de chacune des cités par lesquelles il passe en les charmant de sa voix tel Orphée : et charmés par sa voix ils le suivent mais il y avait aussi dans le chœur des gens du pays. J'éprouvais une grande joie à la vue de ce chœur dont les magnifiques évolutions veillaient à ne jamais empêcher Protagoras de se trouver en tête. Dès qu'il faisait demi-tour avec ceux qui se trouvaient à ses côtés, ses auditeurs se séparaient en deux groupes, de part et d'autre harmonieusement et en bon ordre, et décrivant une marche circulaire se replaçaient chaque fois derrière lui : c'était superbe. »

Bien sûr, Socrate se moque. Mais de quoi exactement ? Quel est le sens de ce ballet du sophiste, virevoltant, toujours suivi par ses auditeurs ?

Tous semblent fascinés par le son de la voix, comme ensorcelés par le charme d'une magie, semblables aux animaux suivant Orphée, captivés par sa musique. Les voilà donc captifs, tributaires d'un magicien qui les entraîne par sa parole. Ils ont capitulé, abandonné leur capacité de réflexion. À la puissance de la raison, ils préfèrent l'envoûtement par cette mélodie sonore qui les conduit à leur insu.

Ces suivistes prennent garde de toujours laisser Protagoras en tête du groupe. Lui fait les cent pas, en parlant. Il va, il vient, et tous le suivent, ce ballet n'est qu'une répétition constante. Personne ne va nulle part, ne sort de la maison. La séduction musicale se répète en boucle, en vase clos.

En allant à droite et à gauche, à gauche et à droite, en passant dans un sens et en repassant dans l'autre – sur les mêmes pas, les mêmes espaces, les mêmes traces –, Protagoras et ses auditeurs signifient, par leur marche, que la pensée des sophistes dit aussi bien blanc que noir, noir que blanc. Elle varie sans varier, au gré des allées et venues : vrai et faux ne sont qu'avers et envers d'une même étoffe, recto et verso d'un même tissu, dont aucun côté ne leur paraît véritablement préférable.

Les sophistes ont bien sûr des thèses, des arguments, des positions, mais qui sont aussi réversibles que leur marche, à l'endroit et à l'envers, à gauche et à droite, en un sens et un autre. Faisant commerce de paroles, d'apparences purement séductrices, sans vérité, le sophiste marche, mais sans avancer. Il met un pied devant l'autre, mais il n'entame aucun voyage. Immobile en marchant, il ne fait aucun progrès, en aucune direction.

Dans la suite du dialogue, quand il va s'agir de faire parler Protagoras, de le confronter à des arguments et objections, Socrate propose que l'on s'asseye pour discuter. Il semble dire : « Je ne marche plus avec toi », ni au sens propre de la déambulation ni au sens figuré de l'accord tacite. « Entre nous, ça ne marche plus, mais nous allons tenter de voir ce qui, dans tes gesticulations et dans ton ballet, dit vrai, ou bien n'est que du vent. Nous allons donc nous asseoir, nous poser physiquement, mais dans la pensée et la parole une vraie marche, un vrai trajet vont commencer. » Voilà ce que Socrate ne dit pas. Mais son intervention le suggère, à mes yeux.

Finalement, les sophistes-selon-Platon (les vrais sophistes étaient fort différents, mais ceci est une autre histoire) ne cheminent pas des apparences trompeuses vers la vérité qui ne trompe pas. Dans le langage comme dans la pensée, ils n'accomplissent que des allées et venues, semblables à celles de Protagoras dans la maison de ce riche Athénien. La philosophie, c'est autre chose : une marche vers la vérité – marche réelle, délibérée, parfois douloureuse. Platon l'a décrite en détail.

3

Platon fait marcher les prisonniers

Attachés depuis toujours, immobiles et mystifiés, ils doivent être délivrés, mis debout, contraints à bouger, pour aller vers la vérité.

Aucun lycéen, sans doute, n'a échappé à l'allégorie de la Caverne. C'est le cœur de la philosophie de Platon, la clé de son dispositif, lui-même au centre de presque toute la machinerie philosophique occidentale. Mais un point important est généralement oublié : l'immobilité et la marche tiennent, dans ce texte-clé, un rôle capital. Platon, dans ce moment de *La République*, imagine des prisonniers attachés dans une caverne, ligotés, les jambes entravées, le cou également fixé. Ils demeurent ainsi depuis leur enfance, sans bouger, sans marcher. Du monde, ils ne connaissent rien d'autre que des images projetées devant eux, sortes d'ombres chinoises d'objets réels. Tel est le principe de cette fiction.

En termes d'aujourd'hui, ces prisonniers sont les spectateurs d'un film, qui ne savent pas qu'il s'agit d'un film. Ils prennent les images projetées pour des réalités. Pour eux, ce sont les seules réalités concrètes puisque, depuis le début de leur existence dans la salle de cinéma, ils ignorent la présence de la cabine de projection, du projecteur, de la pellicule, ne savent rien du monde extérieur.

Platon veut faire saisir que nous sommes captifs des illusions de nos sens, que nous prenons pour le monde réel un monde d'apparences, alors qu'elles ne sont que des reflets, des ombres de la vérité qui, elle, se tient ailleurs, derrière, et que nous devons trouver. Pour échapper à cette illusion, pour sortir de sa fascination hypnotisante, nous devons quitter le spectacle des yeux, nous tourner par la pensée vers les vérités, qui sont censées constituer les modèles uniques de ces ombres multiples que nous percevons.

Quel rapport avec la marche ? Il suffit de lire le texte. Les prisonniers – immobiles, ligotés – ne marchent pas. Ils sont, par définition, empêchés de mettre un pied devant l'autre. Délivrer un des prisonniers, ce sera défaire ses liens, le forcer à se mettre debout, le contraindre, par force, à regarder ailleurs, même s'il a du mal, pour commencer, à distinguer autre chose que les ombres dont il a l'habitude depuis toujours.

Dans cette histoire, on s'est presque toujours focalisé uniquement sur le rôle de la vision. Certes, il est difficile, venant de l'ombre, d'endurer l'éclat de la lumière. Habitué aux ténèbres de la caverne, le regard du prisonnier délivré supporte mal l'éclat du jour. Il se révèle donc nécessaire d'habituer progressivement son œil à la lumière du dehors. Une fois habitué à cet éclat, redescendre dans la pénombre va susciter une difficulté symétrique : d'abord on ne voit rien, puis on s'accoutume.

Mais, en s'intéressant aux yeux, on a oublié les pieds ! Avant de modifier son regard, le prisonnier doit marcher. Platon le dit explicitement : « Chaque fois que l'un d'entre eux sera détaché et contraint de se lever subitement, de retourner la tête, *de marcher* et de regarder vers la lumière… » Le mouvement du corps est un mouvement de marche. Le prisonnier, jusqu'alors immobile, doit être mis debout, et contraint à poser un pied devant l'autre, pour pouvoir sortir de l'illusion, pour commencer à cheminer vers le vrai, pour accomplir cette ascension qui lui fait gravir le chemin escarpé conduisant hors de la caverne, de la pénombre, de l'enfermement dans les mirages.

Marcher, dès lors, est bien la même chose que penser : s'orienter volontairement vers les idées, avancer en direction de la vérité, des modèles, des formes premières des objets. Il faut marcher-penser afin de sortir du monde des reflets et d'apercevoir les Idées éternelles. Afin, somme toute, de devenir philosophe. Cette « conversion » dont parle Platon n'a rien de religieux. Elle évoque plutôt une conversion à skis, car ce mouvement de la pensée est analogue à une rotation du corps. Au lieu de regarder les apparences, les ombres du monde, nous regarderons désormais les Idées. Il ne s'agit pas de donner à l'âme la capacité de voir, mais d'orienter différemment cette capacité préexistante, de la tourner dans la direction opposée, et de la faire avancer dans cette direction nouvelle.

Ce trajet vers la lumière du vrai est une affaire de marche, d'effort pour mettre un pied devant l'autre, une idée après l'autre. La sortie de notre captivité initiale exige une marche, spirituelle et intellectuelle, similaire à la marche physique – trait pour trait, dans les moindres détails. Le prisonnier doit être mis debout, il doit tenir sur ses jambes, commencer à se déplacer, monter le chemin escarpé conduisant au-dehors. Sorti de la caverne en marchant, il devra au retour – une fois parvenu à l'extérieur, une fois devenu philosophe, habitué à la contemplation des Idées éternelles – marcher de nouveau pour redescendre dans la caverne. S'il doit y revenir, ce n'est pas par nostalgie de ses erreurs d'autrefois, mais pour ne pas abandonner ses anciens compagnons à l'ignorance, pour ne pas laisser l'illusion et l'injustice régner à l'intérieur de la caverne. En redescendant, il doit faire en sorte que son savoir permette d'organiser la vie commune. La vérité doit infuser, transformer, habiter le politique. La Cité, dans la caverne, doit être reconstruite selon l'ordre de la Vérité et du Bien.

Ce double mouvement est une double marche. L'une va de l'obscurité vers la lumière, de l'ignorance vers le savoir. L'autre, en retour, va du savoir vers le monde ancien – pour le transformer, en dissipant l'ignorance. Celui qui sait, devenu sage et savant, ne laisse pas ses semblables dans l'illusion et la servitude. Ce périple ascendant et descendant configure l'ensemble du projet de Platon, lui-même, il faut le répéter, fondateur de la philosophie occidentale.

Cette double marche est un voyage effectif. Rien à voir avec les allées et venues du sophiste, qui fait du surplace. Platon veut nous arracher, par la marche de l'esprit, au monde commun. Cette ascension conduit la pensée vers le vrai, avant de redescendre, pas à pas, vers l'organisation politique, le changement radical de la vie collective. Ainsi marchent les philosophes. Du moins ceux qui suivent Platon. Car d'autres déambulent autrement.

4

Aristote, dit « le promeneur »

Ces drôles de penseurs parlent en marchant. Ils ne déambulent pas dans la campagne, mais le matin, très tôt, dans les gymnases.

Diogène Laërce évoque en ces termes la rupture d'Aristote avec son maître Platon, qui aurait dû lui confier la direction de son Académie : « Ayant vu, à son arrivée, l'école sous la direction d'un autre, il choisit le promenoir qui était situé au Lycée (un gymnase de l'Athènes ancienne) et, allant et venant jusqu'à l'heure de s'oindre d'huile, il philosophait en compagnie de ses disciples. De là vint qu'il fût surnommé "promeneur". »

J'aimerais bien y voir clair.

Au premier regard, philosopher dans un gymnase est curieux. En tout cas pour nous, qui n'allons pas, habituellement, réfléchir dans les salles de fitness. Les Grecs, du moins les aristocrates, se rendaient quotidiennement dans des lieux d'entraînement pour se livrer à des exercices physiques – lutte, pugilat, pancrace – qu'ils pratiquent entièrement nus, le corps enduit d'huile d'olive et de sable fin. Ces jeunes hommes philosophes, que nous considérons avant tout comme des théoriciens, sont d'abord des sportifs, qui se battent chaque jour.

Et qui sont solidement bâtis. Le surnom de « Platon » – son vrai nom est Aristoclès – signifie « le large ». Il désigne plus probablement sa poitrine, ses pectoraux, que la largeur de son front ou de ses idées. Aristote fut longtemps son meilleur élève, son principal disciple et fils spirituel : il lui avait confié toutes sortes de cours et de responsabilités dans son école, l'Académie. Le fils finit par tuer son père, philosophiquement parlant.

Aristote, lui, a donc été surnommé « promeneur », pour son habitude de réfléchir et de parler tout en marchant, tôt le matin, parfois durant de longues heures.

Il n'est pas le seul. C'est alors une habitude bien répandue chez les philosophes de penser en se promenant, à plusieurs, par petits groupes. Sans être systématique, le fait est fréquent. Protagoras et ses clients vont et viennent, mais aussi Socrate et ses amis, et il en est de même pour toutes les écoles de philosophie antiques. Du coup, si tout le monde, à un moment ou un autre, déambule pour philosopher, pourquoi donc Aristote a-t-il reçu ce surnom, *peripatetikos*, « celui qui se promène, fait une balade » ? Le nom de « péripatéticien » lui est resté. Il s'est même étendu à son école, à ses disciples, à sa postérité intellectuelle. Pur hasard ? Peut-être pas.

Aristote et ses étudiants, dans ce gymnase du Lycée, viennent très tôt. Ils discutent, en effet, « jusqu'au moment de se mettre de l'huile pour aller s'entraîner », ce qui implique, car on s'entraînait de bonne heure, qu'ils arrivent sans doute dès l'aube pour marcher dans le gymnase, arpenter les portiques, promenoirs et déambulatoires en s'exerçant, avant l'activité physique, à la philosophie. Donc, ils marchent en pensant, pensent en marchant, convaincus que l'exercice du corps et celui de la raison sont reliés. Cela ne dit pas encore, malgré tout, ce que la marche d'Aristote a d'assez singulier pour lui valoir ce surnom. Beaucoup d'autres auraient pu le mériter.

Parmi tous les philosophes de son temps, je remarque en revanche qu'Aristote est bien le seul qui cherche de manière si précise, insistante et circonstanciée, comment marchent les animaux et comment marchent spécifiquement les humains, différemment de toutes les espèces vivantes. Il consacre deux traités à la marche animale, *Le Mouvement des animaux* et *La Locomotion des animaux*. Dans ce dernier, il compare notamment les façons de marcher sur deux pieds des oiseaux et des hommes.

Il note, par exemple, que marcher debout nécessite deux pieds, mais aussi de longues jambes, un équilibre entre le haut du corps et le reste, c'est pourquoi les tout jeunes enfants ne parviennent pas à se redresser et à se tenir droit. Une fois en équilibre, comment se fait le déplacement ? Aristote l'a observé avec attention, bien qu'il ne s'exprime pas avec élégance, c'est le moins qu'on puisse dire : « Chez tous ceux qui accomplissent par nature le changement de lieu à l'aide de deux pattes, lorsque l'une se tient droite, elle supporte le poids, et étant donné que, pour qu'il y ait mouvement vers l'avant, le pied qui, du fait de sa position, dirige, doit être léger, et puisqu'au cours de la marche il reçoit le poids à son tour, il est clair que nécessairement le membre qui a été fléchi devient droit à son tour, tandis que reste immobile le point d'appui constitué par le pied qui est avancé ainsi que la jambe. »

L'explication est lourde. Mais Aristote décrit avec précision le mécanisme du changement d'appui de chaque jambe, l'avancée du corps par déséquilibre et rattrapage, amorce de chute et redressement. Or, cet homme qui étudie la marche dans ses composantes et ses mécanismes, qui scrute ses conditions physiques de possibilité, est aussi celui qui étudie le langage, les relations des mots à la pensée, les conditions d'un raisonnement valide. Voilà la vraie singularité d'Aristote : il marche en se demandant comment on marche, il pense en se demandant comment on pense. Il scrute comment marchent la marche, la parole et la pensée.

On pourrait penser que j'exagère. Est-ce que je tire un petit fil, de manière arbitraire, d'une œuvre immense ? Je ne le crois pas. Car si l'on tirait ce fil méthodiquement, ce qui nécessiterait un fort volume, tout Aristote, me semble-t-il, finirait par venir. En effet, il ne se contente pas de démonter le mécanisme de la marche et celui de la pensée, il s'applique également à savoir comment marche le politique, comment marchent les astres, comment marche le climat, comment marchent les organismes vivants, comment marchent les émotions, comment marche l'âme, comment marchent les œuvres littéraires et poétiques, comment marchent le théâtre et les spectacles…

Chaque fois, l'expression « comment marche » est à prendre à la lettre : Aristote cherche toujours comment se fait une avancée par équilibre perturbé et déséquilibre compensé. Si on le lit ainsi, on le voit faire, en marchant, le tour des connaissances, le tour de la pensée et le tour du réel. Dans cette marche autour du monde, scrutant les points fixes et les mouvements, Aristote s'abstient de tourner en rond, comme le sophiste qui reste immobile dans son mouvement circulaire. Son tour à lui – le marcheur, le « péripatéticien » – veut englober la totalité des savoirs et des pensées, et fonder l'encyclopédie – *en kuklô* signifie « en cercle, qui fait le tour ».

« Encyclopédie » : forme du savoir qu'Aristote a inventée en classant toutes les connaissances qui marchent pour expliquer comment marchent les choses.

5

Pyrrhon demeure indifférent quand l'autre tombe

Maître et disciple marchent côte à côte. Le maître chute dans le fossé. Le disciple poursuit sa route. Le maître le félicite. Ils ne sont pas fous, mais sceptiques.

Dans ces marécages, les chemins sont glissants. La région semble faite d'eau autant que de terre. Des marécages partout ! Le philosophe et son maître progressent, tantôt à sec et à l'aise, tantôt dans la boue, au bord de redoutables fossés. Et ce qui devait arriver arriva... Voilà que le maître perd pied, glisse, se retrouve en contrebas, englué dans la fange. Son disciple ne lui prête ni secours ni même attention, et poursuit sa marche. Il le laisse tomber, si l'on peut dire, puisque la chute a déjà eu lieu.

Au lieu de réprimander son disciple, le soir, quand ils se retrouvent et font halte pour la nuit, le maître le félicite. Quelle rigueur ! Quelle cohérence ! Il a vraiment fait preuve d'une complète indifférence, d'une parfaite absence d'attachement ! Il n'a pas jugé telle décision préférable à telle autre, il a magnifiquement laissé en suspens son jugement, continuant sa marche, sans s'arrêter, sans s'émouvoir ! D'autres le blâmeraient, critiqueraient sa négligence, son égoïsme, fustigeraient son imprudence, son manque d'humanité. Parce qu'ils ne comprennent rien ! En ne secourant pas son maître tombé dans le fossé, il s'est montré parfaitement fidèle aux leçons reçues.

La scène est décrite, une fois encore, par Diogène Laërce. Elle concerne le philosophe Pyrrhon, et son maître Anaxarque d'Abdère. En fait, si on regarde de plus près, Pyrrhon fait preuve d'une double indifférence. Une indifférence envers l'autre, son maître Anaxarque : que ce dernier marche ou qu'il chute dans le fossé, finalement, voilà qui est égal. Que l'ami soit sur la route ou dans la boue, qu'il éprouve contentement ou désarroi, c'est indifférent. L'un et l'autre se valent, rien n'est à préférer. Mais Pyrrhon montre aussi une indifférence à la marche. Marcher ou ne pas marcher, se déplacer ou rester immobile, finalement, voilà aussi qui est égal, parfaitement indifférent. Une telle attitude peut sembler incompréhensible, voire intenable, inadmissible.

En fait, il s'agit de l'application stricte de la doctrine même de Pyrrhon – probablement celle d'Anaxarque d'Abdère lui-même, dont nous savons peu de choses –, le scepticisme. *Skeptikos* : « celui qui doute ». Il déclare que la vérité, quelle qu'elle soit, demeure hors de notre portée. Nous ne pouvons y accéder. Du coup, les jugements que nous portons sur le monde sont tous équivalents, parce que tous vains.

Ou mallon, en grec, signifie « pas plus l'un que l'autre ». Montaigne avait fait graver l'expression sur les poutres de sa « librairie », son bureau. Cette attitude d'indifférence, de suspens, d'équilibre entre les contraires concerne, en principe, tous les jugements possibles. Un sceptique cohérent dira donc qu'entre le beau et le laid, le bien et le mal, le vrai et le faux, le joyeux et le triste, il n'y a pas à choisir, parce qu'il n'existe, entre eux, aucune différence assurée. Parmi les apparences du monde, nous croyons que ces contrastes existent réellement. En fait, ils ne correspondent à rien dont nous puissions être certains.

Du coup, marcher ou tomber, c'est pareil. Marcher ou ne pas marcher, c'est tout comme. Avancer ou demeurer immobile… même histoire ! Pareille annulation des différences et donc des jugements met entre parenthèses toute vérité. Chez Pyrrhon, elle se trouve poussée à l'extrême. Ce philosophe est réputé n'avoir manifesté ni joie ni tristesse, ni goût ni dégoût, au point de soigner les cochons sans répugnance apparente. Cette indifférence presque parfaite est extrêmement singulière au sein de la pensée grecque.

Pour l'expliquer, il faudrait se souvenir que Pyrrhon a vécu plus de deux ans en Inde, avec l'armée d'Alexandre, dont il était l'un des soldats. Il est probable qu'il ait rencontré là des membres d'écoles bouddhistes, florissantes à cette époque. Leurs doctrines ressemblent de manière frappante, et sur plusieurs points, à celle qu'il va professer à son retour. « Marcher » et « non-marcher » sont en effet équivalents du point de vue bouddhiste, si bien qu'entre les deux il n'y a à préférer « pas plus l'un que l'autre ». De même, considérer comme libérateur, apaisant, allégeant le fait que la vérité ultime nous demeure inaccessible est une conception qui ne sonne pas grec, alors qu'elle consonne parfaitement avec la démarche des bouddhistes. En développant cette manière de marcher sans rien affirmer ni nier, les sceptiques sont-ils, en Occident, des surgeons bouddhistes ?

Il n'en existe absolument aucune preuve formelle. Mais l'hypothèse est très plausible.

6

Diogène marche avec un bâton

Il jette ce qui est inutile. La politesse, les conventions, même les lois. Et ne garde que la nature. Il a brisé son écuelle, après avoir vu un enfant boire dans ses mains. Mais il conserve son bâton pour marcher.

Commode, le bâton. Quand on chemine des jours entiers, il scande le pas. Il soulage quand le chemin grimpe, permet de s'appuyer quand la route descend. Et puis, il tient compagnie, porte la besace, chasse les intrus, impressionne les malintentionnés.

Diogène aime son bâton. Il ne s'en séparerait pour rien au monde. C'est drôle. Lui qui a tout quitté, qui a tranché tous les liens, défait les attachements, largué les conventions, les propriétés, les habitudes, il s'appuie sur ce bâton pour avancer dans la vie. Sans ce morceau de bois noueux, lourd, plus haut que son épaule, Diogène serait presque perdu. Il lui en faudrait très vite un autre. Ce n'est pas à l'objet lui-même qu'il tient, mais à quelque chose accompagnant sa marche. La rendant plus humaine, peut-être. Les animaux marchent.

Presque comme nous, et parfois même plus loin, plus vite. Mais sans bâton.

Le bâton, c'est un entre-deux, un intermédiaire reliant homme et nature. Diogène veut vivre « selon la nature » – sans artifices, sans hypocrisie, sans aucune des conventions pernicieuses qu'impose la société. Parce que ce monde-bis, le monde humain, selon lui, ne tourne pas rond. Ce monde ne marche pas, à tous les sens : il demeure sédentaire, amolli, immobile, coupé de ses mouvements naturels, et il dysfonctionne, se détraque, se dégrade, alors même qu'il s'imagine progresser.

Pour être digne et heureux, pour être un homme et non une mauviette civilisée qui se croit maligne mais n'est rien, il faut marcher. Sans se retourner, droit devant, sans souci du froid ni de l'ardeur du soleil, sans s'occuper du vent ni de la sueur, ni des pierres du chemin. C'est ainsi, pour Diogène, que marchent les hommes. Libres, sans but comme sans contraintes. Sans accessoires.

Sauf le bâton. Mais ce n'est pas un accessoire, un supplément, un ajout superflu. C'est au contraire un pilier souple, une fondation mobile. Une sorte d'étai qui se déplace. Le bâton, dans sa marche, n'est pas inerte, figé, inutile. En fait, rien ne peut remplacer ce paradoxe vivant. Marcher sans est possible, mais moins sûr.

Faut-il autre chose ? Diogène s'est débarrassé de tout… Honneurs, fortune, bonne réputation, il s'en fout. La pudeur, il s'en moque. La politesse, les bonnes manières, il leur pisse dessus. Il s'est défait de tout ce qui peut encombrer : maison, femme, enfants. Clochard de la sagesse, il a quelque chose de fou. Il dort dans une citerne, chaparde à manger dans les temples, se masturbe en public, injurie les passants. Diogène jette tout par-dessus bord. Le jour où il a vu un enfant boire dans ses mains, il a jeté sa dernière écuelle. Encore une chose inutile. Même la philosophie est à jeter en riant : il s'est payé le luxe d'aller chez Platon se moquer, un poulet déplumé à la main, de sa définition de l'homme (« un bipède sans plumes »...).

Diogène ne conserve rien, ne respecte rien. Sauf la vie, la nature. Et son bâton. C'est bien un artifice, un ajout à la nature, personne ne peut le nier. Mais c'est un auxiliaire intelligent, un prolongement pertinent du bras, un soutien qui n'enferme pas. Si on jetait le bâton, il manquerait. Rien ne le remplace. C'est le lien entre la nature brute – le chemin, le corps – et la volonté de marcher. Le bâton est emprunté à la nature, puis détourné, réinventé pour un usage purement humain. Malgré tout, le bâton ne s'oppose pas à la nature, comme la quasi-totalité des créations humaines. Rien en lui de sophistiqué, de contre-nature. Il n'introduit qu'une loi d'usage minimale, dans le droit fil de la marche naturelle. Il reste proche de son équilibre, et même l'améliore en l'accompagnant.

En déambulant, tandis que son bâton frappe régulièrement le sol, scandant la marche d'un coup sonore et régulier, Diogène se souvient du jour où il a compris comment marcher, et ce que ça veut dire. Il arrivait de Sinope, sa ville natale. Son père et lui fuyaient pour échapper à la mort. Condamnés pour avoir « falsifié la monnaie », ils n'avaient d'autre solution que l'exil. Athènes allait devenir son refuge.

Mais qu'y faire ? Comment y vivre ? Il n'en avait pas la moindre idée.

La réponse lui vient un matin, dans le grenier où il dort, faute de mieux, sans rien demander à personne. Un curieux petit bruit l'a éveillé – une souris, menue, toute agile. Diogène l'observe d'en haut, sans bouger, suit ses allées et venues.

Il la voit marcher, s'arrêter, repartir, remarcher… Là, il comprend. La souris marche, tout simplement. Sans aller quelque part. Sans suivre aucun trajet précis. Sans savoir d'avance où elle ira. Sans but, sans souci, sans contrainte. Voilà ce qu'est marcher « selon la nature ». C'est-à-dire selon la sagesse. Un bâton pourtant, sera le bienvenu. Même si la souris, elle, n'en a pas.

7

Sénèque déambule à travers les siècles

Tous les hommes marchent, mais pas de la même manière. Celle du sage n'est semblable à aucune autre.

« Montre-moi comment tu marches, je te dirai qui tu es. » La maxime n'est pas authentique. Mais elle correspond à ce que pensait chacun, à Rome, dans l'Antiquité. Tout le monde prêtait attention à une quantité de détails auxquels nous sommes devenus insensibles : tenue des épaules, posture des bras, port de tête, longueur des pas, tension des jambes, rythme de déhanchement… tout cela indiquait, d'emblée, au regard aigu des autres, le marcheur paysan ou homme des villes, soldat ou sénateur, la marcheuse femme de bien ou prostituée. « L'impudique se reconnaît à la démarche », note Sénèque. En fait, tout se reconnaît, à Rome, à la façon de marcher. Les mouvements disent qui est riche ou pauvre, respectable ou méprisable, éduqué ou fruste. La marche est une carte de visite.

Et plus encore. Car la manière de marcher exprime aussi, aux yeux d'un Romain, le caractère unique et intime, la personnalité individuelle de celui, ou de celle, qui se déplace. Voilà qui nous est devenu encore plus étranger : en songeant à nos amis, nous ne pensons pas d'emblée à leur façon de marcher ! Les Romains, au contraire, considèrent la démarche comme une partie intégrante de la singularité de quelqu'un, au même titre que le timbre de sa voix, sa manière de rire, ses gestes favoris.

D'où les conseils multiples que donne Sénèque à son disciple Lucilius. Il s'agit, pour le philosophe, de faire entendre à celui qu'il guide sur la voie de la sagesse, donc de la sérénité, qu'on ne saurait marcher n'importe comment si l'on aspire à la tranquillité de l'âme. Est-ce une affaire de balancement ? De posture ? Sans doute la façon de se tenir n'est pas neutre : « Ne vois-tu pas, quand l'âme est en langueur, que les membres sont alourdis, et les jambes paresseuses à se mouvoir ? Est-elle efféminée ? la démarche du corps trahit sa mollesse. Est-elle active, énergique ? l'allure est plus vive. Est-elle en démence, ou, ce qui est presque la même chose, en colère ? le désordre est dans les mouvements : on ne marche pas, on est emporté. »

Dans la marche du philosophe, ce qui compte avant tout, pour Sénèque, c'est la relation à la pensée. On marche comme on pense, et inversement. Mais cette équivalence ne s'exprime pas principalement dans les gestes infimes de la démarche. Elle prend son sens plutôt dans l'orientation de la marche, son style, sa fonction. Avec pour point de départ et pour ancrage fondateur l'idée que la vie est une marche. Sénèque, dans les *Lettres à Lucilius*, ne cesse de le répéter : « Du jour où tu es né, c'est à la mort que tu marches. »

Ce n'est pas simplement une façon de parler : vivre, c'est marcher, dans le temps, parmi les autres, à son rythme à soi, en relation avec la nature, donc avec le bien. Le sage adopte un rythme pour avancer que Sénèque décrit en ces termes : « La marche paisible et non interrompue d'une vie qui suit toujours la même ligne ». La vie de tout humain est une marche, mais celle du philosophe, en quête de sagesse, doit se garder de faire fausse route, de tomber sur des maîtres illusoires : « Les affairés et les apprentis en sagesse marchent sans cesse de chute en chute. »

Comment doit marcher celui qui veut parvenir à la tranquillité de l'âme ? Sénèque n'est pas avare de conseils. C'est d'abord à l'écart que doit marcher le philosophe, et non dans la foule, le brouhaha et l'affairement. Marcher à l'écart signifie penser hors du troupeau, solitairement, dans la concentration et non la dispersion. C'est également sans contrainte que la marche du philosophe doit le faire avancer. C'est-à-dire ? Regardez l'homme politique, l'homme d'affaires, l'homme de cour. Ils vont et viennent, saluent mille personnes, marchent en tous sens selon ceux qu'ils rencontrent. Surtout, ils vont toujours quelque part pour quelque raison précise, qui les oblige à se déplacer. Au contraire, l'homme sage suit son propre mouvement, marche selon son pas, sans le régler sur celui d'un autre.

Il déambule aussi sans but fixé d'avance. Aucun trajet ne lui est assigné. L'aspirant à la sagesse ne chemine pas pour aller à tel endroit, décidé, en dehors de sa volonté, par les circonstances. Au contraire, il va où lui seul décide d'aller. Sans contrainte, de son propre chef, en fonction de son autonomie, car il ne pense ni n'agit selon des directives, des incitations, des *stimuli* de circonstance. Il rencontre en lui, ou au dehors, des idées qu'il choisit, de son plein gré, d'approcher ou non.

Il y a plus singulier. On trouve, ailleurs, des prescriptions de marches solitaires, autonomes et libres. Mais Sénèque y ajoute une dimension qui lui est propre, et n'était pas visible avant lui : le temps. Il ne s'agit pas seulement de marcher selon le temps (à son rythme, paisiblement) mais de saisir que le temps lui-même marche, que la vie est une marche du temps : « Quand elle s'est perdue dans les plaisirs ou la nonchalance, quand nul acte louable n'en signale l'emploi, dès lors, au moment suprême et inévitable, cette vie que nous n'avions pas vue marcher, nous la sentons passée sans retour », écrit-il dans *De la brièveté de la vie*.

Cette équivalence marche-vie-temps est d'autant moins banale chez Sénèque qu'il en tire une conséquence inattendue : le philosophe ne déambule pas simplement dans l'espace, il traverse les siècles, se déplace d'âge en âge par la marche de la pensée, dialogue avec Socrate ou avec Héraclite, comme s'ils étaient là. « Seuls de tous les mortels ils ont le vrai loisir, ceux qui donnent le leur à la sagesse ; seuls ils savent vivre. Car non contents de bien garder leur part d'existence, ils y ajoutent tout l'ensemble des âges. Toutes les années qui furent avant eux leur sont acquises. Avouons-le, sous peine d'être les plus ingrats des hommes : ces illustres fondateurs des saintes doctrines, c'est pour nous qu'ils sont nés, ils nous ont défriché la vie. Ces admirables connaissances, arrachées aux ténèbres et produites au grand jour, c'est le labeur d'autrui qui nous y donne accès. Aucun siècle ne nous est interdit : tous nous sont ouverts ; et si, par un généreux essor, nous voulons franchir les limites étroites de l'humaine faiblesse, notre esprit peut se placer sur le vaste horizon des temps. Il peut discuter avec Socrate, douter avec Carnéade, goûter le loisir d'Épicure, triompher de l'humanité avec les stoïciens, l'outrepasser avec les cyniques, enfin, émule de la nature, entrer avec elle en partage de tous les siècles. Pourquoi de ce temps si borné, de cette vie précaire et transitoire ne pas s'élancer à plein vol vers ces espaces immenses, éternels ; où tous les sages sont nos concitoyens ? »

Finalement, cette marche en esprit à travers le temps est aussi une annulation du temps. Peu importe, donc, que la vie soit courte, la mort inéluctable, l'existence fugace… la marche du sage surmonte le temps.

8

Apollonius de Tyane marche pieds nus jusqu'en Inde

Il pourrait sans doute voler, disparaître ici, réapparaître là. Mais il préfère voyager à pied, durant des années. Pour rencontrer tous les sages du monde.

Toute la Terre lui appartient, dit-il. Pas parce qu'il la possède. Pas non plus parce qu'il en serait le roi. Mais pour cet unique motif : il peut y marcher partout, en tous sens, et librement. Sans souci des frontières, des empires ni des royaumes. C'est ce qu'il a fait toute sa vie, conformant ses actes à ses paroles. Pieds nus, vivant d'aumônes, dormant dans les temples, se nourrissant d'un peu de légumes et de fruits, Apollonius de Tyane, en quelques décennies d'une vie de marcheur, de prophète et de sage, a parcouru la presque totalité du monde que connaissaient les hommes de son temps. De Grèce, il s'est rendu à Babylone, puis en Inde, est revenu à Rome, reparti en Égypte, en Éthiopie, avant de mourir, peut-être, au Cachemire… Peu de philosophes ont tant marché. Probablement aucun.

Apollonius serait-il détenteur d'un record méconnu, celui du plus grand périple de sagesse de tous les temps ? Car cet homme de haute stature, cheveux longs, barbe fournie, ne voyage pas par plaisir, mais pour apprendre et partager. Il marche interminablement pour rencontrer des sages de toutes nations, de toutes langues, de tous bords. Il devise ainsi avec les mages de Chaldée, les brahmanes de l'Inde et les gymnosophistes, les « sages nus », nom donné par les Grecs aux *saddhus*, ces renonçants qui vivent au bord de l'Indus, du Gange ou ailleurs, sans domicile et sans vêtements.

Mis à part ses pieds nus, rien ne distingue particulièrement la façon de marcher d'Apollonius. Sauf ceci, justement : sa déambulation ne s'arrête jamais, franchit obstacles et distances, traverse principautés, états, cités, empires, déserts ou plaines, sans se soucier des pouvoirs ni des autorités. Sa marche incarne en fait une première et antique mondialisation. Nous sommes au Ier siècle de l'ère commune, au temps de l'Empire romain. Apollonius est contemporain de Néron, de Domitien, qui passent pour l'avoir persécuté.

Ce temps, on l'a oublié, est déjà global. D'une culture à une autre, les sages se reconnaissent, tissent des passerelles, d'immédiates complicités qui prennent des airs de retrouvailles. Apollonius retrouve en Inde des préceptes semblables à ceux de son maître Pythagore : végétarisme, non-violence, chasteté, silence. Sans oublier quelques pouvoirs supranormaux qui viennent s'ajouter, comme un supplément, aux vertus de ceux qui renoncent aux honneurs comme aux richesses.

En sanskrit, ces pouvoirs se nomment *vibbhuti*. Personne, chez les délivrés, ne les recherche pour eux-mêmes. Ils viennent par surcroît, comme une conséquence de l'immersion dans l'absolu. Les vrais sages ne s'en vantent pas, hésitent même à en faire usage. Lire dans les pensées, se déplacer à la vitesse de l'éclair, être en plusieurs endroits à la fois, savoir ce qui se passe au loin, ou dans le futur... est-ce vraiment intéressant, important ?

La légende veut qu'Apollonius fasse malgré tout, en passant, quelques miracles. Sans en faire toute une histoire, presque en catimini, il guérit des malades, ou même ressuscite des morts. Mais il n'y a pas de quoi se vanter. Ce qui lui importe n'est pas d'exhiber sa sagesse mais de l'accroître. Chemin faisant, malgré tout, il découvre constamment de nouvelles facettes de ces pouvoirs qui découlent de la sagesse.

Ainsi, quand il parvient en Inde, après s'être aventuré bien plus loin que ne l'avait fait Alexandre, il rencontre des brahmanes qui commencent par lui décrire des scènes de sa propre enfance que lui seul connaît. Ces hommes de sagesse lisent dans les pensées, et marchent dans la tête des autres aussi simplement, dirait-on, qu'ils se promènent le long du Gange. Ils font même découvrir à Apollonius ses vies antérieures : marcher dans le temps leur est aussi simple que de déambuler dans l'espace.

Nous avons oublié cette face de l'histoire de la philosophie, nous l'avons systématiquement écartée, occultée, et même refusée. Non sans motif : ces sages magiciens, thaumaturges, passeurs de frontières au sens géographique comme au sens spirituel du terme, nous avons tendance à ne pas les tenir pour des philosophes. Ils sont pourtant par ailleurs, bien souvent, auteurs de traités de logique, de métaphysique, de théorie politique. La cohérence rationnelle et la magie cohabitent dans leur esprit d'une manière qui nous déconcerte. Parce que nous ne la comprenons plus.

Ils furent pourtant nombreux, et pendant quelques siècles, à pratiquer ensemble la divination et les commentaires de Platon, les déductions métaphysiques et l'adoration du soleil, la magie blanche et l'analyse logique. Ces étranges cohabitations traversent les œuvres de Plotin, de Porphyre, de Proclus, de Jamblique et de quantité d'autres. L'histoire de la philosophie a préféré ne retenir que leurs œuvres « présentables » et a choisi d'oublier le reste.

Nous avons oublié, également, qu'Apollonius fut considéré, plusieurs générations durant, comme un concurrent notable du Christ. L'un était grec, l'autre juif. Mais tous deux faisaient des miracles, avaient des disciples, passaient pour des hommes divins. Et transgressaient volontiers les frontières.

De la longue marche d'Apollonius, un trait essentiel à retenir nous concerne toujours : il est allé marcher vers les autres, s'est mis en quête de l'Orient, de l'Inde, des sages d'Asie. Non par goût d'exotisme et de dépaysement mais par souci d'universalité. Nous qui cloisonnons, qui ne voulons marcher que sur des chemins balisés, dans des circuits définis, le long d'allées bien tracées, ce mélange des genres nous trouble.

L'universalité, nous sommes pour. Mais à condition qu'elle habite chez nous. Chez les philosophes, dont chacun sait qu'ils ne parlent que le grec, ne naissent qu'en Europe et ne se préoccupent que de discours logiques.

Désolé, mais il y a longtemps que je ne suis plus de cet avis. Que je ne partage plus ces œillères, et que je suis, avec d'autres, allé expérimenter – en Inde, en Chine ou en Judée – d'autres façons de marcher. Qui n'en sont pas moins de la philosophie. Parce que toute la Terre lui appartient.

Deuxième promenade

EN COMPAGNIE DES MARCHEURS D'ORIENT

Ils marchent sans bouger,
se taisent en parlant, ne pensent pas
selon les règles qui nous semblent habituelles.
Ce sont des philosophes paradoxaux,
mais indiscutablement des philosophes.

AU TEMPS DE MES ÉTUDES DE PHILOSOPHIE, il était entendu que cette discipline était une invention grecque, devenue une affaire européenne, et plus largement occidentale. L'usage très particulier de la raison qui caractérise la philosophie s'est constitué uniquement, disait-on, sur les pourtours du bassin méditerranéen. Et nulle part ailleurs. En Inde comme en Chine, il existe de la poésie, du théâtre, des spiritualités, quantité d'œuvres et de créations admirables et respectables, mais pas de philosophie. Voilà ce qu'on nous disait, en mobilisant, pour nous convaincre, Hegel, Husserl ou Heidegger. Ces trois « H » de la pensée allemande moderne ont employé la même formule – chacun dans des textes distincts – pour parler de la naissance et du développement de la philosophie : « *Nur bei den Grieschen* », « chez les Grecs seulement ». Il y a fort longtemps que j'ai fait mes études, mais la situation a somme toute peu changé. Sans doute ne peut-on plus dire, comme l'écrivait Heidegger, que « philosophie indienne » est une contradiction dans les termes, comme « acier en bois », sans provoquer quelques objections. Car de nombreux travaux, dont quelques-uns des miens[4], ont contribué à montrer que ces affirmations étaient non seulement fausses mais grotesques. Il n'en reste pas moins que le préjugé est tenace. Loin d'être éradiqué, il tient bon.

C'est pourquoi j'ai tenu à faire quelques pas, ne fussent que de courtes promenades, en compagnie de figures de l'Asie ou de l'Orient proche. Les Grecs ont connu certaines d'entre elles : Onésicrite, par exemple, disciple de Diogène, a rencontré des renonçants indiens en marchant avec les troupes d'Alexandre le Grand jusqu'au bord de l'Indus. Surtout, les Grecs eux-mêmes nomment « philosophes », dans de très nombreux textes, les ascètes nus de l'Inde, les prêtres égyptiens, les mages de Chaldée, les savants juifs et même les druides ! Car ils ne faisaient pas cette distinction, purement moderne, entre « sages » et « philosophes ». Devons-nous penser que les Grecs ne savaient pas ce qu'ils disaient ? Prétendons-nous être plus rigoureux qu'ils ne l'étaient, mieux savoir ce qui est philosophique, et ce qui ne l'est pas ?

Si l'on nomme « philosophe » quiconque use de sa raison pour chercher des vérités, les passer au crible, éliminer des illusions sans recourir à rien d'autre qu'à des règles logiques et des concepts définis, alors il

4. Notamment *L'Oubli de l'Inde. Une amnésie philosophique*, Presses universitaires de France, 1989. Nouvelle édition revue et corrigée, Le Livre de Poche, coll. « Biblio-Essais », 1992. Réédition Seuil, coll. « Points Essais », 2004. *Le Culte du néant. Les philosophes et le Bouddha,* Seuil, 1997. Réédition Poche, Seuil, coll. « Points Essais », 2004. *Le Silence du Bouddha*, Hermann, 2010.

existe quantité d'aires culturelles où se rencontrent des philosophes, qu'ils parlent pāli, sanskrit, chinois, hébreu ou arabe. Et il se trouve que ces philosophes marchent, eux aussi.

D'une autre manière, indéniablement. Si la raison humaine est partout la même (aucun être humain, même en Extrême-Orient, ne peut concevoir un cercle carré), les usages de la rationalité sont dissemblables. Ici et là, on ne raisonne pas sur les mêmes objets ni exactement de la même façon. Ni, surtout, dans le même but, ou avec le même horizon. Dissemblables également sont les manières de marcher. Si la bipédie est universelle, les façons de se tenir, de déambuler, de voyager sont multiples. Les marches de ces philosophes sont donc parfois déconcertantes. Raison de plus pour les suivre.

9

Le Bouddha marche au milieu

Au cœur de la pratique bouddhiste, le sentier du milieu indique où il convient d'avancer. Encore faut-il avoir déblayé le terrain pour le discerner.

Avant, il marchait comme tout le monde. Tantôt ici, tantôt là. Immobile, puis en mouvement, et de nouveau immobile. Il se déplaçait pour aller d'un point à un autre. Et, comme tout le monde aussi, il avait souvent le sentiment de n'être pas à sa juste place, de ne pas être simplement là, comme il faut, sans mal-être d'aucune sorte. En ce temps-là, il n'était encore qu'un prince constamment choyé, préservé des malheurs du monde. Et protégé par son ignorance, car on ôtait de son champ de vision tout spectacle affligeant, tout motif d'inquiétude.

Quand le prince découvrit, dit-on, la vieillesse, la maladie et la mort, quand il vit en face les affres de l'humaine misère, les tourbillons où nous nous perdons, rivés à nos espoirs, nos illusions et nos détresses, il voulut comprendre. Comment se faisait-il que nous soyons pris à pareil piège ? Pourquoi y restions-nous ? Serait-il possible que nous en sortions ? Il se jura de percer le secret de cette souffrance, et d'en trouver le remède, si jamais cela était possible.

Il quitta tout, à cheval. Se rendit chez des maîtres austères. Ils lui imposèrent des sacrifices extrêmes, aussi excessifs que son existence surprotégée d'autrefois. Ils le firent méditer, prier, jeûner si intensément qu'il n'avalait qu'un grain de riz par jour. Au risque d'en mourir, ou d'accroître ses douleurs, sans avoir entrevu l'issue qu'il cherchait.

Alors, il les quitta, eux aussi. À pied, cette fois. Il s'assit sous un immense figuier et résolut de ne plus bouger avant d'avoir trouvé la solution, d'avoir compris le mécanisme de la souffrance et le moyen d'y mettre un terme.

Et il vit. S'éveilla. Devint « le Bouddha », c'est-à-dire l'Éveillé. Il contempla le ressort intime du monde, embrassant du regard la marche secrète du tout. Parler de compréhension risquerait d'induire en erreur : l'Éveil n'est pas une opération intellectuelle, une analyse rationnelle élucidant le réel pas à pas, élément par élément, argument par argument. C'est une intuition directe de la totalité, englobant jusqu'au détail le plus infime, mais demeurant dépourvue de démonstration, de processus logique.

Ce que le Bouddha a saisi – assis, avant de se remettre à marcher – peut se dire de nombreuses manières.

On peut l'exprimer en mille sermons, en quatre vérités, en un seul geste. Je retiens la formulation la plus simple, sans doute plus essentielle : sentier du milieu. Ce n'est pas juste une image, c'est une image juste – celle d'un espace qui s'ouvre, d'une avancée possible après déblaiement.

On imagine souvent ce milieu comme un point médian, une mesure à tenir entre les extrêmes. Ni tendu ni relâché, par exemple. Ou bien ni jouisseur ni mortifié, ni indifférent ni hystérique, ni laxiste ni rigoriste, etc. Un équilibre, somme toute, rien d'autre. Erreur. Ce juste milieu-là est celui des Grecs, celui d'Aristote, pas celui du Bouddha et de son sentier.

Car le geste qui compte, chez le Bouddha, est la mise à l'écart des extrêmes, non leur maintien. Il a abandonné le luxe de la cour princière, abandonné aussi les mortifications des maîtres austères… Ce double refus libère un espace, où il s'agit d'avancer, non de se tenir immobile. Ceci ne se voit pas immédiatement. Il faut donc y insister.

Nos interrogations, nos recherches inquiètes, nos dilemmes sans fin se rattachent tous à des couples d'opposés. Une vie après la mort, ou bien pas de vie ? Une âme indépendante du corps, ou bien pas d'âme ? De l'être, ou bien du néant ? De l'affirmation, ou bien de la négation ?

Que se passe-t-il si, au lieu de rester pris dans ces termes contraires, on les écarte l'un comme l'autre ?

Si on les disqualifie l'un et l'autre, en les déclarant non pertinents, inutiles, mal formulés ? Ni être ni néant, ni affirmation ni négation, ni âme ni non-âme, ni vie éternelle ni mort à jamais... Il se pourrait qu'alors tous les dilemmes opposant des points de vue antagonistes se révèlent mirages. Les termes opposés ne sont que des bornes sans consistance, qui s'évanouissent comme bulles de savon.

À leur place, que mettre ? De nouvelles questions ? De bonnes réponses ? Un nouveau système ?... Non. Rien qu'un espace libre, libéré, une diagonale ouverte, s'élargissant, finissant par tout libérer, parce qu'il devient possible d'y marcher sans fin (sans but, sans arrêt, jamais). Ceci se nomme la « vacuité ».

On imagine, à tort, que c'est le vide – mort, inerte, paralysant. C'est tout le contraire : l'univers, dans sa réalité ultime, nettoyé des barrières illusoires que nous y construisons.

Marcher au milieu, comme fait le Bouddha, est finalement, quand on regarde du dehors, l'activité la plus paradoxale qui soit. Il devient possible, en effet, de marcher tout en restant assis, sans bouger. Ou bien, à l'inverse, d'être immobile en déambulant. Ce n'est pas pour autant faire quoi que ce soit de contradictoire. Parce que ces opposés n'ont plus cours, sauf en surface. Marcher et non-marcher, c'est tout comme. Ainsi marche le Bouddha, au milieu.

10

C'est le monde qui marche, avec Lao Zi, pas le sage

Dire que le vent marche, cela a-t-il un sens ? La même question se pose pour le sage.

Assis sur un âne, c'est ainsi qu'il voyage. Ou bien sur un bœuf. Quelquefois, plus rarement, il se trouve dans une carriole, un véhicule brinquebalant. Curieusement, on ne le voit pas marcher. Lao Zi est presque toujours représenté transporté, emmené par un animal, voituré. Les rares fois où il est debout, il est immobile, comme dans sa rencontre légendaire avec Confucius.

Pourquoi ? Il est possible de croire que c'est un hasard. L'âne ou le bœuf ne signifieraient rien. Il n'y aurait rien de particulier à remarquer dans le fait que ce sage ne marche pas. Je n'en suis pas convaincu. J'ai même tendance à penser que ce détail est plus significatif qu'il n'en a l'air.

Certes, personne ne sait si Lao Zi a vraiment existé. « Vieux Maître » (c'est ce que son nom veut dire) n'est peut-être qu'une figure imaginaire. « Vieil Enfant » (son nom possède aussi ce sens) serait un personnage de fiction, un voyageur échappé d'un conte. Malgré tout, sa silhouette a traversé les siècles. Elle a inspiré d'innombrables commentaires, et marqué de son empreinte toute la culture chinoise. Surtout, à défaut de preuves irréfutables de son existence historique, il reste le texte, bien réel, du *Tao Te King* qui lui est attribué.

Peu importe que ce manuel de sagesse paradoxale soit l'œuvre de plusieurs auteurs, ou bien de Lao Zi seul, ou encore d'un inconnu anonyme. Seul compte ce volume, peut-être rédigé et abandonné au cours d'un arrêt. La légende veut en effet qu'une fois arrivé au col de Xiangu, à l'est de l'Empire, à la dernière passe avant les contrées dominées par les barbares, un voyageur ait fait halte. Vieux lettré, ancien fonctionnaire, il avait décidé de tout quitter, de fuir le monde, sans laisser de traces. « Celui qui parle ne sait pas, celui qui sait ne parle pas. »

Yin Xi gardait cette passe. Ce jeune homme avisé a flairé l'exception, la grandeur secrète, chez ce vieillard bourru qui aimait immodérément l'eau-de-vie. L'histoire veut même qu'il lui en servît suffisamment, quelques jours d'affilée, pour que Lao Zi se mette à parler, à voix basse, à demi-mot, de ce qu'il avait compris du monde, de la vie, des hommes, et de comment marche le tout. Le jeune homme avait retranscrit. Le vieillard reprit sa route. Et disparut à jamais. Ainsi était né, de la halte d'un sage ivrogne voyageant à dos d'âne, ce livre simple et déroutant qui décrit comment marchent la force et la faiblesse, deux noms de l'univers.

En lisant, on entrevoit pourquoi Lao Zi ne marche pas, pourquoi il se laisse transporter par l'âne, le bœuf ou le chariot : « L'immobile est la source de tout mouvement », indique en effet le *Tao Te King*. C'est autour du vide central du moyeu que tourne la roue. L'enfant ne parle ni ne marche, le grand vieillard non plus, alors qu'autour d'eux on s'affaire, va et vient, s'agite – à cause de leurs besoins, en réponse à leurs attentes. Toutefois, il serait encore trop court et trop simple de croire que le sage est sans mouvement, passif, voué tout entier au non-agir.

Car ce non-agir (*wu wei*) n'est pas totale inaction, néant d'efficacité, absence complète d'effet sur le monde. C'est même exactement l'inverse. Loin d'être sans effet, le non-agir du sage constitue l'efficacité suprême, le pouvoir absolu, la force la plus immense, celle qui se confond avec la nature, l'univers, la marche même du monde.

Le « Vieil Enfant » vit comme souffle le vent : sans intention, sans but, sans plan, imprévisible. Ténu, infime, capable pourtant d'éroder les montagnes, de coucher les arbres. Le vent se meut sans qu'on discerne ses contours, il n'a pas de bord. C'est en se retirant – dans la fuite, le glissement, en ne faisant que passer – qu'il exerce sa puissance. Sa force ne réside pas en lui, elle le traverse. Il ne la possède pas, il en est possédé, parce qu'il s'efface, laisse marcher le monde à sa place.

Le sage fait comme le vent, exactement.

Voilà pourquoi c'est l'âne qui marche, et pas le sage. Le sage marche quand même, d'une certaine façon, parce qu'il laisse faire. Il laisse faire l'animal, le vent, l'univers. Dans cette passivité absolue, il trouve le pouvoir réel ultime, celui d'épouser la marche interne des choses, leur avancée la plus intime. C'est donc le monde qui marche, pas le sage. Toutefois, en ne marchant pas, le sage avance, progresse, marche plus encore, et bien mieux que s'il mettait un pied devant l'autre. Lao Zi se voit attribuer cette phrase : « Les paroles vraies semblent être des paradoxes. » À juste titre.

11

Confucius cherche la bonne marche de toute chose

L'ordre nous paraît fixe, la marche mobile. Les deux semblent opposés. En fait, ils se rejoignent.

C'est une longue marche, la vie du sieur Kong – Maître Kong, *Kong Fuzi*, que le latin des missionnaires chrétiens a transformé en Confucius. Une longue marche au sens propre : durant plus d'une quinzaine d'années, dans une Chine troublée, au bord parfois du chaos, il n'a cessé de cheminer de palais en palais, de province en province, au milieu des désordres, des conflits et des guerres. Le monde qu'il a sous les yeux est confus et dissonant. Plus rien n'est à sa place, plus personne ne se tient comme il convient. Son rôle à lui, sa vocation : indiquer le chemin pour que l'ordre soit rétabli et consolidé.

Ce n'est pas une affaire de police, de force physique, de pouvoir politique ni juridique. L'ordre, pour Confucius, est d'abord une affaire morale. Une question de vertu. On aurait tort, toutefois, d'imaginer cet ordre moral découlant du respect figé d'un code abstrait, résultat d'un système éthique préexistant qui s'imposerait au monde. Il n'existe aucune norme abstraite à laquelle il faudrait conformer, à toute force, les comportements individuels ou collectifs. Cet ordre originaire est naturel et cosmique, mais il est toujours instable, en équilibre fragile, perpétuellement à réinventer et à entretenir.

Il s'agit de faire marcher le monde humain, la société et toutes ses hiérarchies, comme marche la nature. « Le Ciel » – avec ses cycles, ses lois, ses continuités et ses ruptures – doit servir de modèle. Mais ce modèle bouge, s'ajuste d'instant en instant, selon les circonstances, les personnes présentes, les relations données.

La particularité de cet équilibre mobile est donc de se tenir entre stable et instable, mobile et immobile. Comme une marche dont l'idéal serait d'être active, mais de faire du surplace. Confucius ne cherche pas un progrès, ne fixe pas de but nouveau à atteindre. Il n'indique aucun horizon à rejoindre au terme d'un parcours physique ou mental. Il exige bien le mouvement, l'articulation, la souplesse, la mise en route… tout ce qui constitue le propre de la marche, mais pour rester uniquement là, en éveil, à la juste place, à la bonne distance, sans faire aucun trajet.

Cette marche sans but et sans déplacement, Confucius en chinois la nomme *ren*. On traduit, faute de mieux, par « humanité ». Il ne s'agit pourtant ni de bienveillance ni d'aucun sentiment de solidarité ou de compassion. C'est une question de juste distance, de traitement approprié, de façon adéquate de régler les relations humaines. L'humanité, dit Confucius, consiste à « traiter le prince en prince, le sujet en sujet, le père en père, le fils en fils ». La difficulté tient au fait que le prince, le sujet, le père, le fils (et toutes les autres figures imaginables des relations humaines) ne sont jamais les mêmes. Pas plus que les situations précises dans lesquelles ils se trouvent. En un sens, tout est fixe. En un autre sens, tout change constamment. Comme le Ciel.

L'humanité exige donc un ajustement interminable. Des mises en ordre, des rites, des protocoles – à fabriquer, sur mesure, d'instant en instant. Une série de réglages continus, pour que l'ordre reste en marche. Le paradoxe est que ce mouvement, idéalement, se transforme en repos. La vertu, la sagesse et la paix – qui ne font qu'un – sont à ce prix.

12

Hillel et l'homme debout sur un pied

Ce qui n'en finit jamais peut commencer très vite. On le comprend plus tard.

Un homme doux, Hillel. Attentif, accommodant, plus attentif aux humains qu'à la lettre des textes. Toujours prêt à comprendre, à excuser même, les écarts des uns, les provocations des autres. Alors que tant de maîtres sont rigides, lui est célèbre pour se montrer ouvert à toutes les propositions. Rien ne le démonte. Personne n'est jamais parvenu à le faire sortir de ses gonds. Quantité de plaisantins ont essayé de le mettre en colère, juste pour voir. Aucun n'y est parvenu.

Ce n'est pas comme Shammaï, son parfait contraire. Il explose, celui-là, pour un oui pour un non. Ne comprend pas la plaisanterie, ne tolère pas le moindre écart à la Loi. Pour lui, il convient d'obéir, non de discuter. Aucun aménagement des règles n'est imaginable. Shammaï prend tout au pied de la lettre, et gare à celui qui contrevient aux prescriptions ! Il sera sévèrement rappelé à l'ordre, admonesté, et même frappé, si besoin est.

Ces deux sages dirigent ensemble le Sanhédrin – l'assemblée – de Jérusalem. Nous sommes dans les premières années de ce qui s'appellera plus tard l'ère chrétienne. La puissance de la nation juive est alors grande. Les divergences permanentes entre Hillel et Shammaï ne l'affaiblissent en rien. Au contraire, leur antagonisme symbolise à sa manière la dissension interne, l'apaisement intégral impossible qui fait la force de la pensée juive, le moteur secret de sa perpétuation.

Si ce couple est symbolique, s'il est devenu exemplaire et célèbre, c'est qu'il évoque un trait essentiel de l'univers juif : la non-coïncidence avec soi, la tension interne qui suppose l'autre toujours présent dans l'identité. Ce n'est pas vraiment une dualité opposant deux éléments séparés, étrangers l'un à l'autre : les deux maîtres se réfèrent aux mêmes textes, à la même Loi, ils sont aussi juifs l'un que l'autre. Pourtant, ils sont d'avis opposés, interprètent différemment ce qu'ils lisent, tirent des mêmes préceptes des conclusions inconciliables.

Cette dynamique interne, à la fois conflictuelle et motrice, fait songer au processus d'équilibre-déséquilibre qui constitue la marche. Au premier abord, le rapprochement peut surprendre. Dès qu'on regarde de plus près, il se révèle fécond. Le peuple juif, il est vrai, a beaucoup marché : pour sortir d'Égypte et quitter la condition d'esclave, pour traverser la mer Rouge derrière Moïse, pour survivre quarante ans dans le désert, pour rejoindre la terre d'Israël, puis pour la quitter, après la destruction du Temple – la diaspora est faite d'innombrables marches à travers les nations. Et pour revenir à cette terre : le sionisme est constitué d'innombrables marches de retour.

Une brève histoire fera voir la même chose autrement. Hillel, dit-on, finit par recevoir un homme qui ne cesse d'insister pour se convertir d'urgence. Un plaisantin, en apparence. En tout cas un provocateur. Il veut en effet qu'Hillel lui expose, en très bref, le sens de la Torah. Vite, car il restera pendant ce temps « debout sur un pied ». Exposer ce que dit la Bible juive, de la Genèse aux Psaumes, extraire l'essentiel, en vitesse, de ce qui fournit matière à une étude incessante, minutieuse, c'est impossible ! Et même inacceptable. Shammaï a chassé l'imbécile qui a osé lui faire cette demande. Hillel, lui, accepte de répondre.

Toute la Bible en une phrase ? Pas de problème. « Ce que tu n'aimes pas qu'on te fasse, ne le fais pas à ton prochain. Voilà toute la Torah, dit Hillel à l'homme debout sur un pied. Le reste, ce sont des commentaires. Maintenant, va donc étudier… » L'anecdote est célèbre. Peu importe qu'elle soit véridique ou légendaire. On en a retenu la tolérance, le message condensé, l'accent mis sur la morale. On a peu prêté attention au fait que l'homme reste sur un pied.

Il est donc immobile, ne marche pas. Ou plutôt demeure en suspens, comme s'il amorçait un pas sans le poursuivre. Dans ce suspens, il ne peut pas rester longtemps :

debout, immobile, sur un pied, il aura bientôt des fourmis dans les jambes, une crampe… et il perdra l'équilibre. Pour recevoir le sens de la Torah, il ne marche pas tout en étant sur le point de marcher, en équilibre instable. Quand Hillel a transmis ce sens, il ajoute : « Maintenant, va donc étudier… » L'homme peut marcher. Et même le doit. En fait, il ne cessera pas. Car entre la marche, l'étude et la vie selon la Loi, la pensée juive noue d'étroites corrélations.

On ne doit pas oublier, en effet, que le terme même qui désigne la vie juive, la vie selon la Loi, la *Halakha*, signifie en hébreu la marche. Étudier, pratiquer, travailler à réparer le monde – c'est tout un, c'est marcher. Pourquoi ? Sans doute parce qu'il s'agit toujours d'aller de l'avant – dans le sens des textes, vers plus de découvertes de leur portée pratique, dans le temps, vers plus d'humanité dans l'avenir. Aussi avec le risque continuel, et continuellement rattrapé, de tomber durant ce trajet. Il se pourrait – c'est mon hypothèse, intuition, ou proposition, comme on voudra – que l'homme debout sur un pied incarne ce moment immobile, hors temps et hors marche, où la Loi est transmise. Dans sa fulgurance, voire sa dureté. Ensuite viennent la marche, la vie, l'action, l'étude, l'histoire – les autres noms de la suite – pour comprendre de quoi il retourne, pour déployer et rejoindre, par une marche infinie, ce qui a été donné à l'homme sur un pied.

13

Shankara, l'Absolu en marche

Comment, dans la non-dualité, mettre un pied devant l'autre ?

Il est mort à trente-deux ans, sans doute dans une grotte du Cachemire. Au cours des années précédentes, combien a-t-il fait de pas ? Combien de jours a-t-il marché, sous le soleil brûlant, les trombes d'eau de la mousson, dans les plaines torrides, les montagnes glacées ? Personne ne peut le dire, mais le parcours est phénoménal. On attribue en effet à ce penseur itinérant, nimbé d'une aura de légendes, la fondation de monastères dans des régions de l'Inde très éloignées les unes des autres : au sud, dans le Karnataka, à l'ouest dans le Gujarat, à l'est dans l'Orissa, au nord dans l'Uttarakhand. D'une région à l'autre, des centaines, voire des milliers de kilomètres.

Sans domicile, errant, ayant renoncé à tout, dormant de temple en temple, l'ascète est célèbre également pour avoir affronté, dans de rudes joutes intellectuelles, les représentants les mieux aguerris de toutes les écoles de pensée indiennes, dans les régions les plus différentes. De chacun de ces affrontements, il est sorti victorieux, répliquant imparablement aux arguments les plus affûtés comme les plus retors. Celui qui apporte la félicité (c'est ce que signifie son nom, Shankara) n'était pas seulement un renonçant, traversant des expériences mystiques au sein d'une austérité extrême. C'était aussi un dialecticien rigoureux, subtil et redoutable. Un homme d'arguments, de définitions, de concepts. Manieur d'objections, comme d'autres sont manieurs de sabres. Il savait donc marcher d'un bout à l'autre du sous-continent indien mais aussi démonter pas à pas un raisonnement faux, défaire pied à pied un adversaire partisan d'une doctrine différente. Incontestablement, il y a du philosophe en Shankara. Et de première grandeur.

Pour s'en convaincre, il suffit d'étudier ses traités, de lire attentivement les volumineux commentaires qu'il a rédigés à propos des *Brahmana* ou de la *Bhagavad Gîtâ*. Ses lecteurs indiens, plus tard ses lecteurs européens, ne s'y sont pas trompés : son œuvre constitue un des monuments de la pensée spéculative.

Comment a-t-il pu, en une si courte vie, arpenté tant de chemins physiques et spirituels, aligné tant de pas et de phrases ? Cela reste en partie mystérieux. Sa doctrine, elle, ne l'est pas. Si l'on met de côté les anecdotes fabuleuses de sa biographie, si l'on écarte aussi les sophistications théoriques multipliées à foison autour de sa doctrine, elle se montre simplissime – si simple même que cette totale absence d'aspérité est ce qui la rend difficile à exposer et à saisir.

Tout est Brahman, l'Absolu impersonnel. « Le monde entier et toutes les créatures sont réellement Brahman », écrit Shankara. En fait, il n'y a ni monde ni créatures, puisque tout est Brahman. « Tout ce qui semble différent est sans réalité. » « Tout est un » signifie que rien n'est séparé, existant par soi, coupé du reste. Distinctions, clivages, individus, choses, sujet et objet : mirages, illusions, apparences. Rien n'est opposé, aucune dualité n'existe. Ni entre nuit et jour, ni entre veille et sommeil, ni entre esprit et matière. Ces oppositions sont irréelles, le travail consiste à les dissoudre, à les révéler vaines.

C'est pour cela qu'il faut marcher, dans les chemins secs ou boueux, parmi les arguments tranchants ou pâteux : faire advenir la conscience que tout ne fait qu'un – donc que ces chemins eux-mêmes sont des rêves, ces argumentations des mirages. Voilà, décidément, un marcheur paradoxal : il doit avancer, nous entraîner avec lui dans sa marche, mais afin de rendre évident que tous ces périples, les siens comme les nôtres, n'existent pas. Quand on en a conscience, le chemin est fait.

14

Milarépa marche à la verticale

Les meurtriers aussi finissent par s'en sortir.

Son dos n'est plus qu'une plaie. À force de porter paquets de briques, sacs de pierres, poutres et solives, sa peau n'a pas tenu. Du matin au soir, jour après jour, saison après saison, année après année, il exécute la consigne : construire des maisons. Une, trois, cinq, sept maisons, à plusieurs étages. Sa délivrance doit passer par cette épreuve. Alors, il grimpe, s'accroche aux barreaux, hisse son fardeau à l'échelon suivant. Même si son dos est en sang, il continue à progresser sur l'échelle, d'étage en étage. Il marche à la verticale.

Pourquoi ? Parce que Marpa l'a dit. Son maître lui a donné cet ordre. Il doit l'exécuter. Il doit marcher vers le haut, hisser sa charge avec lui, malgré la douleur, la fatigue. Et même le désespoir, car il a parfois le sentiment de la démesure extrême de sa tâche. Son maître Marpa ne se rend pas compte. Est-il devenu fou ? Serait-il cruel ? Déterminé à le faire mourir ?

Les maisons ainsi construites, au prix d'efforts inouïs, année après année, seul sur ce chantier perché entre terre et ciel, il doit ensuite les démolir. Elles ne conviennent pas. Il faut en refaire d'autres, en tirant mille et mille fois les charges de pierres et de briques. Les nouvelles maisons, elles non plus, ne sont pas comme il faut. Elles doivent être rebâties. Il en construit d'autres.

Alors il croit devenir fou. Il n'y arrivera jamais. La tâche est sans fin, exténuante, écrasante, inutile. Parfaitement vaine. La délivrance n'est qu'un rêve. Une illusion, un mensonge. Son maître Marpa n'est décidément pas un maître, ni un sage. C'est un bourreau, un pervers, un dément. Se suicider est la seule issue. Finir enfin de monter et descendre, de marcher vers le haut, vers le bas, vers le haut, sur cette échelle qui tremble à chaque mouvement.

Motif de cette marche absurde : son passé, qu'il faut dissoudre. Dissoudre et non expier. L'expiation est chrétienne. Elle suppose la faute, le châtiment, le péché. Ici, dans l'Himalaya, il en va autrement. Il doit finir par épuiser le fardeau de ses crimes, de sa violence, de sa rage ancienne. Ce qu'il a fait d'horrible tient en peu de mots.

Quand il eut sept ans, il vit son père mourir. Ce dernier avait fait de son frère et de sa femme les responsables des biens revenant au petit garçon et à sa mère. L'oncle et son épouse se révélèrent vite cupides et traîtres, chassant l'enfant et sa mère de leur demeure, les exilant et les réduisant à la misère.

Alors il entreprit de se venger, de leur faire payer cette vilenie. Il devint savant, apprit la magie, acquit des pouvoirs considérables. Au point d'anéantir un jour, d'un coup, l'oncle, sa femme et tous les siens… trente-cinq personnes ! Trente-cinq morts, qui firent la joie de sa mère, et le remplirent de fierté.

C'est long à dissoudre, trente-cinq meurtres et tant de joie mauvaise. Les briques, les pierres, les poutres, le dos en sang correspondent à ces pesanteurs accumulées, ces écrasements anciens dont il doit se défaire, barreau après barreau, en marchant vers le haut. Maître Marpa, lui, avait vu tout cela depuis le premier jour, d'un coup d'œil, évidemment.

Le dernier sac, le dernier barreau, la fin du cauchemar, rien ne les faisait pressentir. Impossible de les voir venir, car ils appartiennent à l'autre versant du monde – celui qui est sans poids, sans effort, sans souffrance ni tourment. Un monde sans froid, où le souffle suffit pour se tenir chaud.

Une fois parvenu à ce point de délivrance, l'homme au dos sanglant mérita son nom : Mila-*repa*, Mila-coton, Mila « vêtu de coton », car il ne conservait désormais sur la peau, même par les pires hivers de haute montagne, qu'une légère tunique en coton. Son souffle, devenu libre, était assez puissant pour lui tenir chaud.

Il devint alors maître, sage, créateur, modèle pour beaucoup. Milarépa rédigea les *Cent mille chants*. Il n'avait plus d'échelle, mais il continuait à grimper. Sans fardeau, sans douleur.

« Quand tu as atteint le sommet de la montagne, continue à monter. » Ce proverbe zen n'est pas de Milarépa. Mais il aurait pu.

Ceux qui demanderaient si c'est bien là une histoire de philosophe auraient tort. Assurément.

HALTE

La pensée philosophique, une façon de marcher ?

Arrêtons-nous un moment. Cessons donc de parcourir les siècles, les doctrines, les continents… Il sera temps, ensuite, de reprendre la route, de découvrir de nouveaux paysages. Une halte est bienvenue. Nous verrons bien, plus tard, où nous conduit cette aventure. En fait, je n'en sais rien. N'allez pas croire que je sache déjà où nous allons. Certes, je suis supposé servir de guide, je suis censé vous montrer la voie. Mais je ne l'ai pas encore parcourue ! Je ne reviens pas, en votre compagnie, sur des chemins que j'aurais foulés seul. Au contraire, je les découvre à mesure, en même temps que vous.

Bien sûr, ces philosophes que nous suivons, que nous croisons, je les ai fréquentés de longue date. Grecs, Romains, Indiens, Chinois, Tibétains, Hébreux, ils ont accompagné de larges parties de ma vie. Et ils ne sont pas les seuls… Il faut y ajouter quantité de Modernes, depuis l'Âge classique jusqu'à aujourd'hui, dont nous partagerons sans doute la compagnie. Toutefois, s'ils me sont familiers, je dois vous faire une confidence : je ne les avais jamais vus marcher auparavant. Ou plutôt, je n'avais rien remarqué.

Ces scènes de marche qui traversent tant d'œuvres, ces innombrables images et expressions où la marche est présente, leurs différents sens, leurs ramifications… tout cela, franchement, m'avait échappé. Comme d'ailleurs à la plupart des lecteurs. En suivant ce fil, j'ai donc le sentiment de faire une découverte. Minime, cela va de soi. Il n'y a pas de quoi révolutionner la pensée, j'en suis conscient, et c'est tant mieux, car je me méfie de ces mirages qui font annoncer, trois fois par jour, des ruptures faramineuses qui ne durent que le temps d'un rêve. Ces histoires de marches et de philosophes ne prétendent pas changer le monde, et cette modestie leur convient.

Elles constituent bien une découverte, malgré tout, à leur échelle, du moins pour moi, et sans doute pour vous. Parce qu'elles donnent à voir, comme sous une lumière frisante, des détails insoupçonnés, peut-être même des perspectives inattendues. Et, je le répète, je découvre pas à pas ces détails et ces perspectives, à peu près comme, en marchant, on voit le paysage changer, d'heure en heure.

Ces promenades en compagnie des philosophes, il faut donc les imaginer comme une expérience, sans oublier que ce terme à plusieurs sens. Une expérience est une tentative, un protocole spécial, élaboré pour voir ce qu'on n'observe pas habituellement. Suivre la marche de quelques philosophes, c'est donc les approcher par un biais inhabituel, et rencontrer ainsi, au moins de temps à autre, des idées différentes. Mais une expérience est aussi un temps vécu, que chacun doit éprouver par soi-même : personne ne peut vous expliquer un goût, une musique, une teinte exacte... Vous devez les éprouver pour commencer à les connaître.

Il en va de même avec la marche. Tout ce qu'on peut dire à son propos serait vain si vous et moi n'avions jamais marché. Si, faute d'expérience, nous n'avions pas la moindre idée de ce que marcher veut dire, ces récits ne pourraient pas nous le faire savoir. Mais nous marchons, nous faisons depuis longtemps, et constamment, l'expérience de cette mobilité. Sauf que nous n'y pensons pas. Nous nous déplaçons en marchant sans éprouver ce que marcher implique. Nous ne savons pas clairement ce que marcher veut dire, ni ce que marcher peut faire.

C'est là, justement, que la philosophie peut aider. En organisant un retour sur notre expérience. En offrant une possibilité de penser ce que nous faisons, d'habitude, sans y penser. En révélant, dans la marche – sa mécanique, son principe, ses modalités – des caractéristiques à la fois familières et méconnues à force de familiarité.

Mais pourquoi la philosophie peut-elle ainsi éclairer différemment la marche humaine ? Je ne vois que deux hypothèses. L'une est faible : elle répondra que la philosophie éclaire tout, donc la marche, comme elle permet d'approcher différemment à peu près n'importe quelle réalité humaine. L'autre soutiendra qu'il existe, entre la marche et la philosophie, une parenté particulière. Entre marche humaine et pensée philosophique, une proximité singulière permettrait de comprendre l'une par l'autre. Hypothèse nettement plus intéressante, mais qui exige quelques éclaircissements.

De la marche à la pensée

Quelle relation existe-t-il entre la marche et la pensée ? Ce n'est pas une connexion directe, un rapport immédiat de cause à effet. Impossible de dire : « Je marche, donc je pense. » Du fait que je marche, rien ne permet de déduire que je pense nécessairement. Impossible également de comparer de façon rigoureuse la marche et la pensée. Pour cette raison simple : il existe de multiples sortes de pensées distinctes : par association d'idées, par images, par remémoration, par anticipation, par concepts et déductions, par réflexe... La pensée peut désigner une activité intellectuelle, imaginative, intuitive... Tout rapprochement avec la marche se ferait alors de manière approximative et incertaine.

En revanche, il me semble bien que, si l'on quitte le registre de « la pensée en général » pour se préoccuper de la pensée philosophique et de sa démarche propre, une ressemblance avec la marche devient aussitôt beaucoup plus nette. Cette ressemblance n'est pas une identité. Marche et philosophie ne sont ni strictement identiques ni exactement superposables. Mais elles possèdent des traits communs, des analogies de structure. Elles ont été évoquées, à peine entrevues, au début de ce livre. Il est temps d'y revenir, pour y voir clair.

La marche humaine a quitté la posture animale, la vie à quatre pattes, pour se dresser, se mettre debout et avancer sur deux pieds. La pensée philosophique, elle aussi, constitue une manière de se dresser, de cesser de regarder au ras du sol, de cheminer debout. Que peut bien signifier « penser debout » ? Regarder vers le haut, se préoccuper d'absolu, avoir le souci du ciel et de l'éternité, de l'infini, de l'horizon, du vrai. Ceci n'implique pas que toute pensée philosophique soit nécessairement axée sur des vérités éternelles, des questions métaphysiques et des considérations sublimes.

Au contraire, il est parfaitement possible de scruter des objets infimes, des gestes modestes, de garder ainsi les yeux au ras du sol, et cependant de « penser vers le haut ». Aucune incompatibilité n'existe entre l'indignité et la petitesse des objets que l'on considère et la hauteur du regard que l'on porte sur eux. La philosophie comme pensée debout, pensée dressée, peut donc se préoccuper d'objets infimes, éventuellement ignobles et méprisables, pour y chercher fragments d'absolu et vérités durables. Inutile, de ce point de vue, d'opposer ceux qui regardent au ciel et ceux qui déchiffrent la terre. Tous se tiennent debout. Tous pensent en direction du vrai, donc de l'infini.

Il faut donc aller au-delà de Raphaël. Dans le tableau intitulé *L'École d'Athènes,* le peintre figure Platon le doigt tendu vers le haut, indiquant par là qu'il faut porter sa réflexion vers le ciel, les astres, les formes fixes et immuables. À côté de lui, Aristote dirige au contraire son regard vers le sol, pour signifier ainsi que la recherche du philosophe doit s'intéresser aux choses terrestres, à ce que nous avons sous les yeux – vérités expérimentales du monde sensible plutôt que spéculations théoriques. Cette opposition est partiellement vraie, mais demeure aisée à estomper. Parce que le regard tourné « vers le bas » – vers les choses et le monde, les expériences et les observations terrestres – est aussi une manière de discerner en elles des vérités qui nous tirent « vers le haut », des fragments d'absolu.

Peu importe qu'il s'agisse de classer les formes des fougères, des intestins de poissons, les structures des yeux de différentes espèces ou leurs modes de locomotion. Chaque fois il s'agit de voir autre chose dans la matière elle-même. Penser debout, c'est discerner, même à l'intérieur des singularités infimes, une autre dimension. Chaque classement, chaque signe, chaque structure d'ordre révèle une possibilité de s'extraire de la position rampante, de maîtriser le chaos.

Toutefois, penser debout n'est évidemment pas propre à la seule philosophie. Le même mouvement se retrouve dans des activités de pensée très variées et très différentes de la philosophie : poésie, théologie ou recherche scientifique. Il faut donc compléter cette première approche par une autre. Et préciser encore ce qui, appartenant en propre à la pensée philosophique, la rapproche de la marche. Étroitement, cette fois.

Manquer de tomber

Pas de philosophie sans critique, mise en cause des évidences, interrogation de ce que l'on croit acquis. Pas de philosophie, somme toute, sans déstabilisation. Voilà qui évoque cette chute amorcée et rattrapée, de nouveau provoquée et évitée, propre à la marche humaine sur deux pieds. Il se pourrait que la philosophie soit le meilleur exemple d'une pensée bipède, si l'on ose dire. Mais qu'est-ce que cela signifie ?

Retour sur la marche : elle suppose, on l'a dit, une déstabilisation qui fait passer d'une position immobile, stable, bien ancrée sur le sol, à un début de chute qu'il va falloir rattraper, stabiliser. Or, si on observe le mode opératoire de la pensée philosophique, on constate qu'il est semblable, dans son domaine propre, à ce processus de la marche.

La marche philosophique commence toujours par une mise en cause, un étonnement. Une question, un doute, ébranlent ce que l'on croyait certain. Vous étiez tranquille, enclos dans vos assurances et vos convictions. Vous ne l'êtes plus, dès qu'une interrogation commence à faire vaciller ces évidences. Cette pratique du choc est celle des philosophes depuis l'Antiquité.

Vous êtes sûr, par exemple, que le monde est bien tel que vous le percevez. Vous êtes persuadé de pouvoir faire confiance à vos sens. La question ne se pose même pas : je vois ce qui est, je connais ainsi la réalité. Les premiers philosophes ont commencé à mettre la pensée occidentale en marche précisément en déstabilisant cette prétendue évidence, en détraquant ce repos trompeur. Ils demandèrent : « Vous croyez voir ce qui est, mais ce que vous voyez correspond-il vraiment à la réalité ? Ne vous est-il jamais arrivé de vous tromper ? De prendre une apparence pour une autre ? De découvrir, en vous approchant, que ce que vous aviez cru voir de loin n'était pas du tout ce que vous aviez imaginé ? Évidemment, cela vous est arrivé, comme à nous tous… Mais alors, comment êtes-vous donc tellement certain, à l'instant, que ce n'est pas le cas ? »

Vos perceptions, ces évidences premières et stables, le mouvement initial de la pensée philosophique est de les déstabiliser. Et l'ébranlement ne s'arrête pas là. Il touche, de proche en proche, toutes les croyances, évidences et convictions. Socrate ne fait pas autre chose que de faire vaciller l'ancrage de ses interlocuteurs. Descartes démonte même la confiance envers les nombres et les figures de la géométrie. Nietzsche soupçonne la vertu d'être tout autre chose que vertueuse, et la vérité tout autre chose qu'une donnée objective.

Toujours, la philosophie débute par un croche-pied aux certitudes.

« Ah, tu crois cela, mais en es-tu vraiment sûr ? » Cette mise à l'épreuve est bien une déstabilisation. Peu importe qu'elle provienne d'une interrogation sur nos sens, sur la réalité du temps, sur les formes de l'espace, sur les fondements de la logique, de la politique ou de la morale. Dans tous les cas, cet ébranlement de nos certitudes familières par la philosophie peut se rapprocher de l'amorce de chute provoquée par le premier mouvement de la marche.

La mise en doute qui fissure les évidences donne d'abord l'impression qu'on va tomber. D'un coup, le monde familier et certain se révèle douteux. Les piliers auxquels on s'accrochait se dérobent. Cette déstabilisation provient régulièrement du même geste d'étonnement : « Vous croyez savoir ? Eh bien, vous ne savez pas ! » « Vous êtes assuré que tout est familier ? Regardez autrement, vous allez être étonné. »

Ce décollement de l'évidence provoque un déséquilibre, un début de désarroi, éventuellement de vertige, une sorte de chute qui fait qu'on ne sait plus où on en est, puisqu'on a l'impression que ce qui nous soutenait ne nous soutient plus. Donc on va tomber. Alors il s'agit de se rattraper, de trouver une issue. De se donner, autant que possible, les moyens d'une nouvelle stabilité. Si ce que je croyais voir n'est pas véritablement la réalité, alors quelle est-elle ? Quelle est la bonne hypothèse ? Comment la formuler ? Et la vérifier ? Comment vais-je donc pouvoir constituer un nouveau sol, retrouver un socle de stabilité ?

Rééquilibre instable

Se rattraper, envoyer l'autre jambe en avant, rétablir l'équilibre, voilà le deuxième temps de la marche. Cette seconde phase se retrouve dans le mouvement de la philosophie : après la mise en doute, la recherche d'une vérité – même si elle est provisoire, hypothétique, partielle… – va permettre de reprendre pied, de se redresser, de restaurer l'équilibre.

Les anciennes évidences sont mises à mal. Mais est-il possible qu'il n'en subsiste aucune, nulle part ? À tout le moins, il deviendrait certain que rien n'est certain… À chaque ébranlement correspond un retour à l'équilibre. La certitude qui s'efface laisse place à une conviction nouvelle, sortie de l'épreuve. Toujours quelque chose reste, ou s'offre. De quoi se raccrocher, sortir du doute. Se remettre d'aplomb. Nous voilà donc sortis d'affaire. Pas pour longtemps…

Car cette nouvelle vérité, où l'on croyait pouvoir s'ancrer, va être mise en cause à son tour. Elle est bientôt critiquée, passée au crible, attaquée elle aussi par une série d'objections destinées à la mettre en difficulté. À peine retrouvé, l'équilibre est rompu. Et cela ne s'arrêtera jamais ! Une fois lancée la machine à douter, une fois la philosophie mise en branle, chaque vérité est soumise à corrosion. Les nouvelles réponses aux objections sont exposées au feu de la critique. Et ainsi de suite…

L'avancement de la pensée se produit donc en philosophie selon le même type de processus que l'avancée du corps humain en marche : début de chute et rééquilibrage, déstabilisation et restabilisation, redéstabilisation et re-restabilisation… indéfiniment.

Indéfiniment, car l'immobilité originaire, si jamais elle a existé, est perdue à jamais. Le progrès – du corps vers un lieu, de la pensée vers une vérité – prend chaque fois la forme d'une chute produite et retenue. En philosophie comme en sciences, dans l'histoire occidentale, ce progrès est toujours passé d'une évidence à sa mise en cause, d'une évidence seconde, de rattrapage, à sa mise en cause, et ainsi de suite. Qu'il s'agisse des systèmes philosophiques, des théories scientifiques, des doctrines politiques, des univers esthétiques, le même mouvement se reproduit : faire tomber, rattraper, refaire tomber, rattraper encore… afin d'avancer.

Si cette forme de marche se nomme partout « progrès », ce n'est pas un hasard. Qui parle de progrès, en effet, parle de marche. *Gradus*, en latin, est la marche. *Gradere*, c'est marcher. Le progrès (*pro-gresus*) est ce qui fait avancer, marcher un pas au-delà. Et ceci vaut pour le monde physique comme pour le monde mental. En ce sens, la marche de la pensée philosophique, en quête de vérité, entretient une profonde et précise correspondance avec la marche humaine allant d'un lieu à un autre.

Mais sur quel sol ?

Admettons que cette analogie soit valide. Si marche physique et pensée philosophique se ressemblent, si elles présentent le même type de structure fondatrice, cela ne dit pas dans quel élément se déplace la pensée philosophique. Notre corps en marchant se meut dans l'espace. Où se meut la pensée philosophique quand elle marche ? Dans le langage ? Dans le temps ? Dans une forme d'espace temporalisé ?

La philosophie cherche du vrai, du stable, et veut aussi avancer vers du mieux, du bien, marquer un progrès, rendre la pensée plus assurée, plus ferme, capable de tenir quelque chose qui ne se dérobe plus. D'une certaine façon, toute la pensée philosophique s'est construite autour de cette quête d'un élément qui tienne, qui ne soit plus corruptible.

Chercher une vérité – principe, fondement, évidence originaire… –, c'est tenter que la marche s'arrête, ou se poursuive sur un sol enfin solide. Les philosophes, au cours des siècles, ne se seraient-ils mis en marche qu'avec l'idée de parvenir à s'arrêter un jour ? On peut le penser en voyant tous ceux qui ont voulu atteindre l'élément ultime – le Bien de Platon, le Premier Moteur d'Aristote, l'Un de Plotin, le Cogito de Descartes, la substance infiniment infinie de Spinoza, etc.

Les philosophes n'ont cessé de chercher ce qui résisterait à toutes les déstabilisations, toutes les tentatives de corrosion. Ils ont continûment rêvé d'une pierre philosophale que laisseraient intacte toutes les tentatives imaginables de fracturation, d'oxydation ou d'anéantissement. Ils cherchent une vérité qui ne pourrait pas, ne pourrait plus, se trouver exposée à la déstabilisation ni à la chute.

Cela ne dit pas pour autant où marche la pensée philosophique, dans quel lieu, sur quel sol. Réponse la plus simple : elle avance dans l'élément qui lui est propre, la représentation. Elle n'avance pas dans le monde physique et spatial, mais dans la manière que nous avons de nous « représenter » ce monde, et notre place en son sein, et les corrélations entre notre existence et ce monde. Le travail permanent de déstabilisation et rattrapage de la pensée philosophique fait marcher la pensée au sein de cet espace spécifique : la représentation.

Mais pour aller où ? Serait-ce pour parvenir à sortir de la représentation, pour atteindre le réel, le monde tel qu'il est, les choses mêmes ? Ou bien, si l'on admet que pareille sortie est illusoire, parce que nous sommes toujours dans notre tête et nulle part ailleurs, s'agit-il de progresser au sein de la représentation ? Ce qui voudra dire : trouver du neuf, du plus solide, du plus aiguisé, du plus parlant – à l'intérieur de l'espace de la représentation, car nous n'habitons pas un autre monde que celui que nous pensons.

Penser mieux serait donc ce qui fait marcher la pensée philosophique, la porte à progresser. Plus une idée est forte et fine, souple et adaptable, plus elle contribue à affiner la représentation. Trouver de telles idées, les mettre à l'épreuve, les relier constituent la tâche de la philosophie.

Une question difficile demeure toutefois en suspens. Comment la pensée philosophique, se tenant et marchant dans la représentation, peut-elle produire, par sa marche, des effets au-dehors, dans le monde ? Car ces effets réels semblent indépendants de la représentation.

Soit on soutient que la philosophie est pur exercice théorique, dépourvu de tout impact sur la réalité, l'histoire et la société, alors la question disparaît.

Soit on admet que la marche de la philosophie n'est pas sans incidence sur la vie des humains, et il faut en ce cas s'efforcer de comprendre comment cette marche dans la représentation peut influer sur la marche du monde. De quelle manière la philosophie, travaillant dans la représentation, peut-elle donc exercer un impact sur le monde, qui est en dehors de la représentation ?

La réponse est compliquée. Peut-être demeure-t-elle hors de notre portée. Provisoirement, il faudrait commencer par corriger la formule de Schopenhauer (« Le monde est ma représentation »), et la remplacer par une formule plus limitée et plus modeste, mais aussi plus précise. Par exemple : « Le monde est (en partie issu de) ma représentation. » Ce qui signifie ceci : notre rapport au réel n'est jamais brut, mais toujours, d'une façon ou d'une autre, filtré par nos manières de penser, nos systèmes de repérage, notre conception de son fonctionnement.

Si la philosophie modifie ces manières de penser, ne serait-ce que de façon marginale, elle modifie de ce fait notre rapport au monde, donc indirectement ce monde lui-même, qui dépend de la manière dont nous l'abordons.

Il resterait à saisir par quels moyens les philosophes modifient nos représentations. Seraient-ce leurs manières de marcher dans la langue, dans la logique, dans les méthodes du savoir ? Il se pourrait. Encore faut-il, pour en savoir plus, les accompagner de nouveau dans leurs voyages.

Troisième promenade

EN COMPAGNIE DE MARCHEURS MÉTHODIQUES ET DE FLÂNEURS LIBRES

Les uns suivent avec rigueur
des voies balisées.
Ils progressent pas à pas
vers de nouvelles connaissances.
Les autres font confiance au plaisir,
au hasard, aux surprises.

LA PHILOSOPHIE serait donc une marche ? À tout le moins, une manière de marcher ? Je vous imagine encore un peu réticent, pas vraiment convaincu. Vous vous dites sans doute que je me paie de mots, que je prends à la lettre ce qui n'est qu'une façon de parler. Eh bien, continuons d'avancer. Il se pourrait que les récits qui suivent, et les rencontres et réflexions qu'ils proposent, vous fassent voir autrement. On y découvre en effet qu'une argumentation procède comme nous pour avancer : elle commence par déstabiliser le point d'ancrage initial, risque de tomber, se rattrape par une réponse à l'objection dérangeante, qui est à son tour soumise à la critique.

On y verra clairement qu'une démonstration est bien une marche. Elle part toujours d'un point précis (constat de départ, intuition, question posée) et s'efforce de parvenir à un autre point (conclusion, résultat, véracité ou fausseté). Entre départ et arrivée, les étapes sont autant de pas dans la marche : jalon après jalon, la démonstration progresse, les pas s'enchaînent, et l'argumentation avance.

Peu importe que le trajet soit long, qu'on ne soit pas en mesure d'embrasser d'un seul regard la totalité du parcours, quand de nombreux pas s'intercalent entre point de départ et conclusion. Du moment que chaque avancée est certaine, chaque étape bien assurée, chaque jalon arrimé au précédent, le voyage entier est valide.

Descartes a fortement insisté sur ce point, et sur les « longues chaînes de raisons » assurant la solidité d'un parcours logique : même si je ne peux pas voir toute la démonstration, l'embrasser d'un seul coup d'œil, je reste confiant dans la validité du résultat parce que je me suis assuré de la rectitude de chaque étape. Autour de cette idée majeure, les penseurs de l'Âge classique convergent. Tous conçoivent la connaissance rationnelle comme une marche qui progresse en direction de la vérité, et l'atteint si elle se garde de faire un faux pas.

Ces philosophes n'ont pas oublié, même quand ils ne le disent pas, qu'une méthode (meth-*odos*) est d'abord un chemin (*odos*). Penser avec méthode, c'est marcher efficacement selon les voies de la logique, atteindre ainsi des vérités, et à partir de celles-ci d'autres encore, qui sont nouvelles mais ne sont pas moins vraies. Toute méthode a pour but d'accroître les connaissances, de progresser au-delà des frontières anciennes.

À cette exigence de méthode, d'autres philosophes ont opposé des manières de marcher sans but au pays des idées, parfois sans boussole. Guidés par le seul plaisir de la promenade, qui avance, sans rien prévoir.

Elle flâne sans règle, sans destination fixée. La promenade n'agit pas comme la démonstration : elle n'accroît pas le savoir, elle intensifie le plaisir.

La marche méthodique est précise, la promenade se veut folâtre. L'une contraint, l'autre libère. La méthode est rentable, ses résultats tangibles. La promenade ne se justifie que par le désir d'être libre, de vivre, penser et marcher à son gré.

Les deux ne s'excluent pas nécessairement l'une l'autre. Malgré tout, ce ne sont ni les mêmes philosophes ni les mêmes moments de l'histoire qui privilégient la méthode, ou qui préfèrent la promenade. Vous allez l'éprouver en cheminant avec les uns et les autres.

15

Guillaume d'Ockham supprime les pas inutiles

Pour ce diable de moine, l'important est de commencer par s'assurer que les mots ne nous font pas marcher tout à fait en dehors de toute réalité.

Le Moyen Âge n'est pas achevé, la Renaissance pas même entamée. Pourtant tout bouge, en Europe, à la fin du XIIIe siècle. C'est alors que naît Guillaume d'Ockham, en Angleterre, dans le comté de Surrey. Mine de rien, en quelques années, en écrivant peu de textes, ce moine franciscain va nettoyer la philosophie. Il la fait changer de registre, de tempo, de perspective. Avec lui, elle marche autrement.

Pour sa part, il parcourt l'Europe, le plus souvent à pied. D'Oxford, il prolonge ses études à Paris, et revient enseigner à Oxford. Il est convoqué par le pape en Avignon : ses écrits sont suspectés d'hérésie. Il rejoint ensuite Louis de Bavière à Pise, puis à Munich, où il publie et enseigne jusqu'à sa mort en 1347. En ce temps, l'université est européenne : tous les clercs circulent d'un pays à l'autre, parlent et lisent une même langue : le latin. Les idées marchent avec les hommes, se diffusent et s'affrontent avec une nouvelle vivacité.

De philosophes itinérants, le temps d'Ockham en est plein. D'ailleurs, tous les gens de savoir – du droit à la médecine, de la théologie à la logique – durant des siècles parcourent l'Europe, d'est en ouest, du nord au sud, avec plus d'aisance que nous le faisons. Moins vite que nous, certainement, mais avec bien plus d'évidence, de simplicité. Mais ce ne sont pas ses pérégrinations qui rendent ce maître remarquable.

Le grand chambardement inauguré par Guillaume d'Ockham ne provient pas de ses déambulations géographiques. N'a-t-il rien à voir avec la marche à pied ? Je n'en suis pas sûr. Avec ce philosophe, en effet, on comprend plus nettement qu'avec tout autre combien parler, penser et marcher vont ensemble.

Parler, c'est d'abord à cette activité que notre homme s'intéresse. Il cherche comment les phrases avancent, et s'interroge sur leurs cheminements. Il découvre que les termes dont nous nous servons à tout instant ne possèdent pas tous la même portée, ni le même sens dans la pensée. Mieux, ou pire : un seul et même terme, en apparence identique, peut remplir des fonctions totalement distinctes. Vous dites, par exemple : « L'homme traverse la rue. » « L'homme est un animal raisonnable. » « L'*homme* est un mot de cinq lettres. » Le terme *homme* demeure toujours le même, mais remplit trois usages parfaitement distincts du point de vue logique. L'homme qui « traverse la rue » désigne un individu, « l'animal raisonnable » renvoie à une espèce, le « mot de cinq lettres » décrit un terme de la langue française.

Prêter attention à ces distinctions, les passer au crible de l'analyse et en tirer toutes les conséquences, voilà ce qu'exige Guillaume d'Ockham. Pourquoi est-ce un bouleversement ? Parce que ce tamis élimine quantité de questions qu'on croyait réelles et profondes. Elles se dissipent, s'évanouissent, révélant qu'elles ne correspondent à rien.

Ainsi, l'homme « qui traverse la rue » existe bel et bien, de même qu'en un tout autre sens, l'*homme* comme « mot de cinq lettres ». Mais l'homme en général, comme espèce, animal raisonnable (ou non...) n'existe pas – sauf dans notre esprit, comme outil, pour rassembler artificiellement la collection de tous les êtres humains. Dans la réalité, il n'y a que des individus, des êtres singuliers, distincts et dissemblables. Quand nous parlons de « l'homme » – ou de « l'arbre » ou de « la feuille »... – nous ne désignons rien de réel. Ce ne sont que des fictions, forgées par notre esprit. Utiles, peut-être. Inévitables, même. Mais sans consistance.

En les prenant pour des réalités, les philosophes s'égarent. Ils confondent des êtres de raison avec des existences effectives. Du coup, en construisant à leur sujet quantités d'hypothèses, d'analyses et de controverses, les philosophes brassent du vent. Et perdent leur temps.

Vous voyez, à présent, pourquoi Guillaume d'Ockham est plus dangereux qu'on ne pense. Il ne se contente pas de nettoyer les cartes de la philosophie d'itinéraires trompeurs, il envoie carrément à la casse des pans entiers de la pensée. Il explique ainsi combien la vénérable question de « l'être en tant qu'être » est tout à fait vide, sans objet et inutile. La totalité de la métaphysique se retrouve à la poubelle.

Ockham est donc le premier à distinguer clairement ce que nous disons, ce que nous pensons et ce qui existe dans le monde, et à tirer toutes les conséquences de la séparation de ces registres. Presque six cents ans avant Wittgenstein et la philosophie analytique, il a esquissé le grand déblaiement auquel se livrent nos contemporains.

Quel rapport avec la marche ? Direct, car ce que fait saisir Ockham, c'est l'économie de la marche dans la pensée, et sa particularité. Dans le monde physique, mieux vaut éviter les pas inutiles. L'homme qui traverse la rue veut le faire efficacement, il n'est pas là pour se promener, donc il ira par le chemin le plus court, ne traversera pas en biais ou en zigzag.

Mais, dans la pensée, il en va autrement. Elle se trouve exposée à un autre risque que celui de faire des pas en trop, pour rien. Elle risque en effet de faire des pas « de rien », des « faux pas ». Ces faux pas ne reviennent pas à se tordre le pied, mais à croire qu'on est en train de marcher alors qu'on se trouve seulement dans un rêve, un brouillard phosphorescent. Le piège principal qui guette la pensée, c'est de croire avancer sur un terrain solide, alors qu'elle ne se meut nulle part, empêtrée sans le savoir dans le mirage des mots.

Dès lors, marcher efficacement, pour la pensée, ne consiste pas uniquement à emprunter le bon itinéraire, mais à commencer par être certain de se trouver dans un paysage qui corresponde effectivement à quelque chose.

16

Montaigne, « à sauts et à gambades »

Rien n'est fixe dans son univers, tout fluctue constamment, les choses comme les hommes, les humeurs comme les jugements.

Lui aussi a marché. Et durablement. Mais pas comme on pense. Certes, il a fait du chemin à pied. Depuis son enfance périgourdine jusqu'aux ruelles de Paris, la ville qui a son cœur. De Bordeaux à l'Italie, on l'a vu bien souvent à cheval, des journées entières, mais plus souvent encore déambulant, tantôt nonchalant, tantôt pressé, ici avec les grands de ce monde, là flânant à son gré.

Montaigne aime la marche. Il le dit et y insiste. Pas la marche pour elle-même, mais pour son effet déclencheur sur la pensée. C'est avec les jambes qu'il réfléchit. Pour lui, penser est d'abord un mouvement, une activité physique. S'il veut philosopher, impossible de demeurer assis, le cul dans un fauteuil. Même pour écrire, pas question de rester statique, immobile, inerte.

C'est donc en faisant les cent pas dans sa « librairie » – la salle ronde aménagée en bibliothèque dans la tour du château d'Eyquem – que Montaigne dicte, habituellement, le texte des *Essais*. Il n'est pas rivé à sa table. Il n'est ni posé ni rigide. Il va et vient, avance, tourne, revient. Écrire-penser est une affaire de pieds, de pas. De marche, donc.

Mais, justement, pas comme on croit. N'allons pas imaginer, trop simplement, que voilà un homme qui a besoin de bouger pour penser. Comme si, pour activer sa cervelle, il devait impérativement se dégourdir les membres. Ce n'est pas faux, certes. Mais le sens et la portée de sa marche sont plus subtils. Car rien, jamais, chez Montaigne, n'est « comme on croit ». Il ne cesse de déconcerter les croyances, de défaire les idées convenues, les jugements prévus et prévenus. Il déstabilise continûment tout ce qu'on imagine à tort immuable et raide.

En fait, tout marche, chez Montaigne, si on regarde bien. Tout ? La pensée, la vie, la société, l'écriture, le monde, le « moi » lui-même, nous et les choses… Rien, jamais, nulle part, n'est fixe. Tout flue, évolue, oscille. Penseur du changement, Montaigne est l'homme des fluctuations et mutations incessantes. « Je peins le passage », dit-il.

Ce qui l'intéresse, en effet, c'est le mouvant. Ce qui bouge, oscille, varie, ondoie. Et tout est ainsi ! « Et nous, et notre jugement, et toutes choses mortelles vont coulant et roulant sans cesse. Ainsi, il ne se peut établir rien de certain de l'un à l'autre, et le jugeant et le jugé étant en continuelle mutation et branle. »

Le « branle », voilà le cœur de tout.

Le mot est ancien, vieilli, ne parle pas directement. Il veut dire mouvement, mise en route, impulsion – et leur continuation. Le branle est un élan continué, retenu et répété. Exactement l'inverse de la fixité, de l'immobilisme. Parfait opposé de l'éternel et de l'immuable.

Quand Montaigne écrit : « Le monde est un branloir pérenne », il désigne le changement perpétuel, les oscillations permanentes de toute chose en nous et hors de nous. Il parle donc de la marche. Car c'est bien du même processus qu'il s'agit : tout vacille, rien ne s'effondre. Dans le branle du monde, comme dans la chute retenue et continue et retenue de la marche, rien n'est stable. Chaque chose bouge – objet, pensée, coutume, loi, croyance… Tout évolue, se transforme, se déstabilise, mais rien ne s'anéantit, ne se détraque sans retour. La déstabilisation universelle ne conduit pas à la chute ni à la perte de quoi que ce soit.

La pensée, comme l'écriture, branle et marche : toutes deux vacillent, se rattrapent, se relancent et se prolongent indéfiniment dans cette instabilité entretenue. Une pensée en entraîne une autre. Une sensation en entraîne une autre. Une phrase en entraîne une autre – de même qu'une coutume, une habitude, ou même une négligence, en entraînent d'autres. À leur tour, celles-ci seront instables, vacillantes, incertaines. Mais elles ne tomberont pas.

Car c'est ainsi que tout marche, par mouvements et discontinuités, allant « à sauts et à gambades », passant d'un sujet à un autre, d'un état à un autre, de manière aléatoire. Le « branloir pérenne » est cette marche du monde – vagabondage sans fin, sans arrêt, sans point fixe ni certitude. L'écriture des *Essais*, destinée à se poursuivre « tant qu'il y aura de l'encre et du papier », marche, elle aussi : elle vacille et avance, au pas des pensées, des sensations, des états du corps, des états des choses. Pareil mouvement jamais ne s'arrête de divaguer, ce beau vieux terme qui dit aussi bien la marche au hasard que l'apparente déraison.

C'est pourquoi, en fait, l'écriture est forcément interminable, comme le sont la pensée, la vie, le monde humain. Tout avance, en branlant, mais sans jamais s'écrouler définitivement. Fragile et instable est ce monde de la vie, mais il est indéfiniment en mouvement.

Ce flux du monde, Montaigne a tout mis en œuvre pour le ressentir et pour l'exprimer. Il a su combien ce devenir universel et incessant constitue la suprême énigme, la source de toutes nos joies comme de toutes nos peines.

Une énigme impossible à percer, évidemment. Mais presque impossible également, à dire et à penser. Tout ce qu'on peut faire, c'est l'accompagner, au plus près possible de ses variations incessantes. Voilà pourquoi il a beaucoup marché.

17

Descartes marche en ligne droite

Le maître de la méthode ne passe pas, généralement, pour un penseur de la marche. Pourtant, dès qu'on y prête attention, il en parle à chaque moment clé.

Je n'avais jamais soupçonné, chez Descartes, la présence ni surtout l'ampleur de la question de la marche. Qu'il ait été bon marcheur, je jugeais le fait plus que probable. Un homme du XVIIe siècle qui fut soldat, fit campagne en Allemagne, vécut aux Pays-Bas l'essentiel de son âge, habitant quantités de résidences diverses, savait à coup sûr ce que marcher veut dire. Même s'il était plutôt de santé fragile, écrivant ou lisant plus souvent qu'il n'arpentait les chemins de terre ou les rues pavées, l'imaginer marcher était une évidence.

Mais cette conviction n'était qu'une déduction. La probabilité était si forte qu'elle confinait à la certitude. Toutefois, selon mon souvenir, rien, dans l'œuvre, n'accordait à la marche une place décisive ni un rôle prépondérant. Erreur… En matière de textes, mieux vaut ne pas se fier à sa mémoire. En fait, il suffit de relire le *Discours de la méthode*.

Dans ce texte bref, qui en son temps fit connaître son auteur à toute l'Europe, tant il marque dans l'histoire de la pensée une rupture décisive, il est question de la marche à quatre reprises. J'avoue que cela m'avait échappé. Je ne sais combien de fois j'ai lu ce texte au cours de ma vie, étudiant ou professeur, pour l'expliquer, le commenter, le scruter. Je n'avais jamais remarqué que la marche s'y trouve convoquée à chaque moment stratégique.

Dès le premier paragraphe, où le philosophe affirme d'entrée de jeu que « le bon sens est la chose du monde la mieux partagée », il parle aussitôt de marcher, comme on verra dans un instant. Le « bon sens », sous sa plume, n'est pas la jugeote, le pragmatisme des évidences communes. C'est la raison, la faculté humaine capable de distinguer le vrai du faux. Elle est égale en tous, souligne Descartes. On se plaint d'avoir peu d'imagination ou de manquer de mémoire, mais personne ne se plaint jamais d'avoir « moins de raison » que ses semblables. Si chacun a donc « autant » de bon sens que tous les autres, seule la manière de s'en servir fait la différence. Ce qui importe, c'est donc bien la méthode.

Dans ce mot, il faut le rappeler, il est question de chemin : *odos*, en grec ancien, c'est une route, un sentier, un itinéraire à suivre. Une méthode est à la fois un parcours et une façon de se déplacer sur le chemin. Pour Descartes, mieux vaut aller lentement sur la bonne piste que plus vite mais hors des traces. Mais il le formule en d'autres termes, juste à la fin de ce premier paragraphe : « Ceux qui ne marchent que fort lentement, dit-il, peuvent avancer beaucoup davantage, s'ils suivent toujours le droit chemin, que ne font ceux qui courent, et qui s'en éloignent. »

Penser méthodiquement, en direction du vrai, c'est donc marcher droit – lentement, pas à pas, sans dévier de la ligne. La vitesse ne fait rien à l'affaire, seule compte la sûreté du pas, son assurance. Ce qui est décisif : l'enchaînement d'un pas avec le suivant, l'exacte relation qui permet de continuer – sans s'égarer, ni tomber, ni se perdre. En fait, tous les thèmes clés de la méthode se disent en termes de trajets à pied.

Ce que confirme, un peu plus loin, la deuxième apparition de la marche dans ce texte. Le philosophe brosse un portrait de sa formation intellectuelle, dépeint ses insatisfactions anciennes, décrit la naissance de sa quête personnelle de chercheur de vérité. La page est célébrissime. Descartes la conclut ainsi : « Et j'avais toujours un extrême désir d'apprendre à distinguer le vrai d'avec le faux, pour voir clair en mes actions, et marcher avec assurance en cette vie. »

Cette fois, la marche n'est plus seulement affaire de vérité, de connaissance, de périple théorique. Elle est aussi pratique. « Marcher avec assurance en cette vie », c'est prendre des décisions, agir clairement, trancher

– avancer parmi les autres, parfois contre eux. Cette assurance est une question d'allant, de générosité, de discernement aigu, tout ensemble. Marcher voulait d'abord dire « connaître », et maintenant signifie « agir ».

Mais pour aller où ? Impossible de le savoir tout de suite, ni même de savoir comment faire pour trouver la réponse. Impossible, donc, d'y voir clair rapidement sur la meilleure façon de marcher en cette vie. Descartes le sait. Et, là encore, la méthode le sauve : « [...] comme un homme qui marche seul et dans les ténèbres, je me résolus d'aller si lentement, et d'user de tant de circonspection en toutes choses, que, si je n'avançais que fort peu, je me garderais bien, au moins, de tomber. »

Ne pas tomber : philosophe débutant ou marcheur débutant, le risque est le même, le danger identique. Circonspection : ce n'est pas seulement regarder autour de soi (c'est bien ce que ce mot signifie, mais dans le noir ?), c'est aussi faire preuve de prudence, de méfiance, de retenue dans les gestes, dans les pas, dans la façon de marcher-penser. La méthode est l'antichute. Le chemin est la philosophie. L'activité du penseur est une marche.

Reste qu'on ne sait pas assez vite, en cheminant si lentement, comment il convient d'agir, sur quoi guider son existence. Or, l'action n'attend pas. Il faudra donc vivre, pratiquement, avant de savoir comment vivre en vérité. Quelle règle suivre, avant de connaître la bonne ? N'importe laquelle, à condition de s'y tenir, et de n'en plus dévier. Réponse surprenante, mais cohérente.

Elle repose une fois encore – la dernière – sur une histoire de marche, et de ligne droite. « Imitant en ceci les voyageurs qui, se trouvant égarés en quelque forêt, ne doivent pas errer en tournoyant, tantôt d'un côté, tantôt d'un autre, ni encore moins s'arrêter en une place, mais marcher toujours le plus droit qu'ils peuvent vers un même côté, et ne le changer point pour de faibles raisons, encore que ce n'ait peut-être été au commencement que le hasard seul qui les ait déterminés à le choisir : car, par ce moyen, s'ils ne vont justement où ils désirent, ils arriveront au moins à la fin quelque part, où vraisemblablement ils seront mieux que dans le milieu d'une forêt. »

Ne pas tourner en rond ni s'arrêter, marcher le plus droit possible dans la même direction. C'est ainsi, en attendant mieux, que Descartes décrit son mode d'action. Ainsi, chaque fois, bien que les registres soient distincts, il s'agit de marcher. Et en ligne droite. En assurant ses pas, en évitant la chute, en esquivant le danger.

Je veux souligner, une nouvelle fois, qu'il ne s'agit pas de simples métaphores. Ni d'anodines comparaisons. Un même mouvement anime, pour Descartes, les avancées du corps, de l'entendement et de la volonté. Il ne le dit nulle part expressément, certes. Mais il n'est pas loin de le soutenir, en d'autres textes. Ainsi, dans la première de ses *Méditations métaphysiques*, il n'hésite pas à faire de la marche un « attribut de l'âme ».

« Passons donc aux attributs de l'âme, et voyons s'il y en a quelques-uns qui soient en moi. Les premiers sont de me nourrir et de marcher ; mais s'il est vrai que je n'ai point de corps, il est vrai aussi que je ne puis marcher ni me nourrir. » Sans doute ces attributs de l'âme sont-ils ici hérités d'Aristote, de l'enseignement reçu par le philosophe selon l'École. Sans doute Descartes ne les prend-il pas à son compte. Je forge malgré tout cette hypothèse : la méthode, les démonstrations, la recherche de la vérité pas à pas constituent bien pour l'âme une manière de marcher sans corps.

« La marche de l'esprit ne doit pas être interrompue », insiste Descartes dans les *Règles pour la direction de l'esprit*. Sinon, on se perd, des maillons sautent dans la chaîne des déductions, parce qu'on a voulu aller trop vite. J'en conclus pour ma part qu'en parlant de marche de manière si constante, bien que si peu repérée, Descartes a placé au sein de la pensée un principe de locomotion.

18

Diderot boite en secret

Il existe parfois des détails infimes signalant de grands bouleversements. Le philosophe de l'*Encyclopédie *a pour génie de les collectionner.

« Pas de gens qui aiment plus à parler que les bègues, pas de gens qui aiment plus à marcher que les boiteux. »

Phrase étrange. Certes, Diderot n'est jamais à une étrangeté près, surtout dans ce voyage philosophique déconcertant que retrace *Jacques le fataliste et son maître*. Malgré tout, je ne comprends pas plus que vous : pourquoi donc les boiteux aiment-ils marcher plus que les autres ? Et pourquoi ce parallèle avec les bègues ? En creusant la question, je me suis aperçu que ce n'est pas une énigme littéraire, microscopique et sans intérêt.

En fait, dans cette formule bizarre se cache, tout bonnement, un tournant de la pensée. Masqué, discret, pourtant décisif. Avançant sans esclandre, à mots couverts, l'air de rien. Mais ouvrant carrément des perspectives neuves. C'est ainsi que Diderot aime à intervenir :

il bouleverse le paysage, mais avec le sourire, sans qu'on s'en rende compte. Du moins pour commencer.

Qui boite ? Jacques, ce brave serviteur qui croit que tout est écrit dans le « grand livre », la partition secrète de la marche du monde, le rouleau prescrivant pas à pas ce que chacun va faire, ce qu'il va dire, rencontrer ou subir. Pourquoi donc Jacques boite-t-il ? À cause, c'est toute une histoire… de ses amours, ou plutôt de son genou, dont l'état, « c'était écrit », est directement lié à ses amours anciennes, fortuitement, mais pas tant que ça…

Jacques boite, donc, et à cause de ses amours, mais il aime malgré tout marcher à côté de son maître qui, lui, est à cheval. Ils ne savent ni où ils vont ni de quoi ils vont parler. En fait, c'est bien pour cela qu'ils sont des pionniers, des héros, des explorateurs de terres inconnues – même si personne ne le sait, et surtout pas eux-mêmes.

Reprenons. « Ils continuèrent leur route, allant toujours sans savoir où ils allaient, quoiqu'ils sussent à peu près où ils voulaient aller ; trompant l'ennui et la fatigue par le silence et le bavardage, comme c'est l'usage de ceux qui marchent, et quelquefois de ceux qui sont assis. »

Marcher, en sachant à peu près où l'on veut aller, mais sans savoir où l'on va.

Se fatiguer ou s'ennuyer, et pour combattre ces maux, parler ou se taire, tour à tour.

Voilà les règles, qui n'en sont pas. Voilà les contours, qui sont flous.

Alors, derechef, que veut donc dire Diderot ? Ou bien que tait-il ? Sait-il où il va ? Ces questions évoquent des devinettes, parce que ses affirmations ressemblent à des rébus. Toutefois, je crois qu'une solution s'esquisse. Ce qui change, en effet, et bouleverse tout, c'est qu'il n'y a plus de méthode ! Finie, la route rectiligne. Finis, les pas réglés, les précautions infinies pour ne pas s'égarer, et surtout ne pas tomber. Diderot, l'anti-Descartes.

Jacques et son maître ne vont nulle part. Ou partout. Ils voyagent sans destination, presque sans but. Ils vivent au jour le jour, avancent au gré des heures et des rencontres. Tous deux prennent ce qui vient, ou bien l'esquivent, mais ils ne l'inventent pas. Ils parlent ou se taisent, également, comme ça vient. Au fil du chemin, si l'on peut dire, comme on dit au fil de l'eau.

Ce que Diderot indique est donc ce paradoxe, neuf en son temps : la vie va sans but, sans règle prévisible, mais allègrement. Hasard et joie font bon ménage, comme font parole et silence. Ou bien marche et claudication. Marcher, vivre, parler, penser, c'est bien tout un. Mais rien n'est d'équerre, ni rectiligne ni bien calé, et c'est mieux ainsi, car on danse, oui, on danse, à cause de ce décalage premier, de ces désajustements successifs. Jacques le sait, évidemment : qui boite danse. Il l'a appris à ses dépens.

« Je guérirai ?

– J'en ai bien guéri d'autres.

– Je marcherai ?

– Vous marcherez.

– Sans boiter ?

– C'est autre chose ; diable, l'ami, comme vous y allez ? N'est-ce pas assez que je vous aie sauvé votre jambe ? Au demeurant, si vous boitez, ce sera peu de chose. Aimez-vous la danse ?

– Beaucoup.

– Si vous en marchez un peu moins bien, vous n'en danserez que mieux… »

Voilà donc le secret : boiter un peu, c'est danser mieux. Le bancal est plus joyeux, plus vif, plus musical que l'aplomb. Si les boiteux aiment à marcher, c'est qu'ils dansent. Et si les bègues aiment à parler, c'est qu'ils chantent – sans doute. La leçon n'est pas de faire contre mauvaise fortune bon cœur. Croire que nos maux se surmontent quand on les accepte, ce serait bien trop court pour Diderot.

Ce qu'il suggère est plus subtil, plus moderne : l'imperfection est positive, le handicap est moteur. C'est lorsque nous marchons moins bien que nous avançons mieux, c'est quand nous articulons imparfaitement que nous parlons mieux. Parce que nous passons outre, contraints par la difficulté à faire effort, à contrôler ? Peut-être. Mais il y a plus. Un manque interne, une lacune première se révèle être et notre condition et notre force. Nous sommes tous bègues, prêts à trébucher sur les sons, voilà pourquoi nous sommes des êtres parlants. Nous sommes tous boiteux, déséquilibrés, instables, prêts à tomber, voilà pourquoi nous marchons comme des humains.

À cette imperfection motrice, il faut ajouter, pour être fidèle à Diderot, les jeux du hasard. Le hasard est le nom que nous donnons à notre ignorance du destin (à moins, c'est indécidable, que destin ne soit le nom de notre esquive du hasard). Au hasard Jacques voyage, pense et parle, et Diderot ne fait que le suivre.

C'est au hasard aussi que se promène le narrateur du *Neveu de Rameau*, au hasard qu'il suit ses pensées. On se souvient des premières lignes du texte, ouverture d'un opéra festif : « Qu'il fasse beau, qu'il fasse laid, c'est mon habitude d'aller sur les cinq heures du soir me promener au Palais-Royal. C'est moi qu'on voit, toujours seul, rêvant sur le banc d'Argenson. Je m'entretiens avec moi-même de politique, d'amour, de goût ou de philosophie. J'abandonne mon esprit à tout son libertinage. Je le laisse maître de suivre la première idée sage ou folle qui se présente, comme on voit, dans l'allée de Foy, nos jeunes dissolus marcher sur les pas d'une courtisane à l'air éventé, au visage riant, à l'œil vif, au nez retroussé, quitter celle-ci pour une autre, les attaquant toutes et ne s'attachant à aucune. Mes pensées, ce sont mes catins. »

Des marcheuses, les pensées. Des péripatéticiennes, que le promeneur suit un temps, dans sa tête, quand elles passent, parce qu'elles ont le visage rieur… Ne me demandez pas comment une pensée peut avoir le nez retroussé, ce doit être une licence poétique… Ce que je sais, en tout cas, c'est que Diderot s'intéresse continûment aux pieds, jambes et genoux. Ses romans et nouvelles en sont parsemés, si l'on ose dire. Dans *L'Oiseau blanc*, la sultane favorite ne peut trouver le sommeil qu'en se faisant chatouiller les pieds. Dans *La Religieuse*, au contraire, Suzanne a les pieds en sang, entaillés par les débris de verre répandus sur le sol pour la torturer. Dans *Le Neveu*, on tape du pied, on danse, on marche. Dans *Jacques le fataliste*… voilà qui suffit, nous venons d'en parler.

Et dans L'*Encyclopédie* ? Dans ce grand œuvre, cette machine de guerre construite des années durant par Diderot, au prix de sa santé, de ses revenus, de son œuvre peut-être, contre l'obscurantisme, l'ignorance et l'oppression, est-il question de la marche ? L'*Encyclopédie* comporte une entrée consacrée au « marcher ». Elle n'a pas été rédigée par Diderot, mais par le chevalier Jaucourt. On y retrouve, lourdement formulée, une idée déjà rencontrée, mais qui s'applique, en fin de compte, exactement à notre philosophe de l'allégresse et de l'instable : « MARCHER le (Physiolog.) Le *marcher* ou l'action de *marcher*, est celle par laquelle on passe d'un lieu à un autre, au moyen du mouvement que l'on peut donner aux parties du corps destinées à cet usage. Pour expliquer comment cette action s'exécute, supposons un homme qui se tienne debout sur le point z ; faut-il qu'il *marche*, un pied reste immobile, & est fortement soutenu par les muscles ; de sorte que le corps est tenu par le seul point x ; l'autre pied s'élève, la cuisse considérablement pliée ; de façon que le pied devient plus court, & le tibia aussi le devient un peu. [...] alors il faut *marcher* de l'autre pied qui était immobile. Lors donc que nous jetons ce pied devant l'autre [...] mais alors la ligne de gravité étant avancée hors de la plante du pied, il nous faudrait encore nécessairement tomber ; si nous ne laissions aller à terre le pied qui était fixe auparavant, & qui est présentement mobile, par le relâchement des extenseurs, & l'action des fléchisseurs ; si nous ne nous y accrochions ainsi en quelque manière ; si nous ne lui donnions un état stable ; & si enfin étant assujettis, nous ne lui donnions le centre de gravité du corps ; mais tout cela s'apprend par l'habitude, & à force de chutes. »

Dans cette prose alambiquée, qu'est-il dit ? Que marcher est boiter, tomber et se rattraper. Diderot ajouterait, d'une plume autrement alerte, que parler relève du même processus. Et voyager, et penser : même déséquilibre permanent, même perte et retrouvaille de gravité.

De cette errance, Diderot a fait sa joie. Et la nôtre. Il en redemande. Et nous aussi. Il suffit d'approcher cet ami pour avoir envie de lui emboîter le pas.

19

Rousseau réinvente la promenade

Ce n'est pas uniquement dans la nature qu'il chemine, mais aussi dans les siècles et dans l'histoire.

« La marche a quelque chose qui anime et avive mes idées ; je ne puis presque penser quand je reste en place ; il faut que mon corps soit en branle pour y mettre mon esprit. » Tout est dit. En apparence, Rousseau – comme Montaigne, comme Nietzsche, et bien d'autres – est de ceux qui marchent-pensent, qui ont l'esprit dans les pieds, et arpentent leurs idées en déambulant dans la nature.

Ce n'est donc pas seulement par nécessité qu'il a tant voyagé à pied, de Genève à Paris, de Chambéry à Turin. Marchant en France comme en Italie, pouvant écrire : « Je vis Milan, Vérone, Bresse, Padoue, et j'arrivai enfin à Venise. » Sans doute faisait-il comme les gens du peuple. Apprentis, commis, domestiques, ouvriers n'avaient pas les moyens d'emprunter les diligences ni la malle-poste. Il leur fallait, s'ils voulaient aller quelque part, prendre la route sur leurs deux jambes.

La différence, avec Rousseau, c'est qu'il aime ces longues marches, actives mais lentes, utiles mais rêveuses. Il ne se déplace pas dans la nature, on dirait plutôt qu'il s'y fond, s'y dilue. Il flotte, gambade, flâne, progressant en même temps à travers champs et idées. Avec une intensité, presque une exaltation, partout perceptible. Dans *Les Confessions*, il dit à propos des voyages : « Jamais je n'ai tant pensé, tant existé, tant vécu, tant été moi, si j'ose ainsi dire, que dans ceux que j'ai faits seul et à pied. »

Marche, solitude et pensée ne font qu'un, chez Rousseau. C'est ce que dira le titre de son dernier écrit, dont chaque mot compte : les *Rêveries du promeneur solitaire*. Ces dix promenades terminent sa vie. La dernière, où il évoque « Maman », madame de Warens, son fol et sage amour de jeunesse, fut interrompue par la mort. Mais ce n'est qu'une apparence. Car Jean-Jacques, même mort, ne cesse de marcher. Ses textes le font pour lui. Ils persistent à déambuler, prolongent indéfiniment leur itinéraire. Rousseau a inventé, mine de rien, la promenade infinie.

Il passe généralement pour l'avoir réinventée. Sans aucun doute, la promenade a existé bien avant lui. Déambuler pour le plaisir était déjà fréquent chez les Romains, et n'a jamais vraiment cessé. Le tournant que marque le nom de Rousseau n'est donc pas la création d'une activité jusqu'alors inconnue. Mais il fait réémerger la promenade du voyage, comme une activité trouvant sa fin en elle-même, possédant ses plaisirs propres et son esthétique singulière. Avant lui, on se déplaçait à pied par utilité, par nécessité, contraint d'aller pédestrement d'un lieu à un autre, de ville en ville, en changeant parfois de pays. Avec joie ou avec douleur, enthousiaste ou fatigué, peu importait. L'essentiel était l'arrivée.

Avec Rousseau, c'est le trajet qui devient essentiel. Le plaisir l'emporte sur l'utilité. Après lui, sur son impulsion, les romantiques vont faire de la promenade un art, une façon d'être, presque une raison de vivre. Marcher pour découvrir, et non pour aller quelque part, voilà la nouveauté.

Découvrir quoi, au juste ? Ce qui est, qui l'on est, ce qu'il y a à penser... Découvrir du même pas des paysages et soi-même, la nature et le hasard, les tournants de la route et les détours de l'esprit. Ces éléments ne se distinguent plus. « Votre âme est un paysage choisi », dira plus tard Verlaine. Le paysage est ma pensée, dit à peu près Rousseau. En le découvrant, il se découvre. La promenade est à la jonction exacte des idées et du monde, du corps et des mots, elle les unit et les distingue d'un même mouvement, d'une même démarche.

Le long trajet devient en quelque sorte une charnière. Homme et nature s'y articulent. La nature se fait parlante, protectrice, maternelle. L'humain se dépouille des artifices, s'ensauvage, revient vers l'essentiel. Chaque promenade est une expérience, un processus intime. Physique et psychique.

Avec, parfois, des points de fusion, comme des moments extrêmes. Comment nommer ces instants, si intenses et si étranges ? Ils combinent vertiges et intuitions, voyages dans le temps et fulgurances instantanées. Dans ces éclairs rares, d'une puissance déconcertante, difficile de savoir où l'on marche : est-ce dans la nature, dans la pensée, dans l'histoire ? Tout à la fois, sans doute, indistinctement.

C'est ce qui est arrivé à Rousseau, ce jour de grande chaleur de l'été 1749 où il rendait visite – à pied, naturellement – à son ami Diderot, alors emprisonné au château de Vincennes. Dans ses *Confessions*, le philosophe nous a laissé de ce vertige un récit fort célèbre, mais pas souvent examiné sous l'angle de la marche.

Chaque deux jours, Rousseau fait la route, à pied. « On compte deux lieues de Paris à Vincennes. Peu en état de payer des fiacres, à deux heures après midi j'allais à pied quand j'étais seul, et j'allais vite pour arriver plus tôt. Les arbres de la route, toujours élagués, à la mode du pays, ne donnaient presque aucune ombre, et souvent, rendu de chaleur et de fatigue, je m'étendais par terre n'en pouvant plus. »

Deux lieues à cette époque (la mesure a varié) représentent environ 7,6 kilomètres. Rousseau marche vite, le soleil tape dru. On le croit volontiers quand il dit devoir faire halte. On le croit moins quand il affirme lire en marchant pour ralentir le pas… mais qu'importe.

« Je m'avisai, pour modérer mon pas, de prendre quelque livre. Je pris un jour le *Mercure de France*, et tout en marchant et le parcourant, je tombai sur cette question proposée par l'académie de Dijon pour le prix de l'année suivante : *Si le progrès des sciences et des arts a contribué à corrompre ou à épurer les mœurs.* À l'instant de cette lecture, je vis un autre univers, et je devins un autre homme. »

Que s'est-il donc passé ? Trop d'idées en trop peu de temps. Rousseau est rapté. Il perd pied, voit tournoyer la durée, « parcourt comme un trait une multitude de siècles ». Il hallucine : l'humain est seul, erre sans compagne ni compagnon dans les forêts, dépourvu de langage, d'outils, d'artifices, de rouerie, à peine capable de sentiment. Le promeneur entrevoit tout : la marche de l'histoire, la constitution des sociétés, les progrès des sciences en même temps que ceux des vices. Il a le sentiment, affolant et sublime, de comprendre soudain comment tout marche. Les détails lui échappent. Mais la vision reste, qui l'abasourdit.

« Ce que je me rappelle bien distinctement dans cette occasion, c'est qu'arrivant à Vincennes, j'étais dans une agitation qui tenait du délire. Diderot l'aperçut : je lui en dis la cause [...] Il m'exhorta de donner l'essor à mes idées, et de concourir au prix. Je le fis et, dès cet instant je fus perdu. Tout le reste de ma vie et de mes malheurs fut l'effet inévitable de cet instant d'égarement. »

À partir de cet instant, le promeneur a basculé dans la philosophie, dans la modernité, et dans son propre destin. Un éblouissement de marcheur sous le soleil a généré peu à peu toute l'œuvre, à commencer par le *Discours sur les sciences et les arts*, bientôt suivi par le *Discours sur l'origine et les fondements de l'inégalité parmi les hommes*. Le ressort premier de ces textes majeurs est indiscutablement la marche. Pas parce que l'impulsion dont ils sont nés vint en marchant, ce qui n'est qu'anecdote. Mais parce que Rousseau a entrevu que l'homme marche dans la nature bien avant de dormir dans des huttes. Parce que la marche devient, avec lui, le signe premier du naturel : le sauvage marche, tout comme marchent le paysan, le pauvre, le vertueux.

L'homme perdu de la technique, qui s'est éloigné de lui-même en s'éloignant de la nature, ne marche plus, ne comprend même pas ce que marcher veut dire. En fin de compte, Rousseau est le premier à comprendre combien, pour le meilleur comme pour le pire, le devenir des humains, depuis la pure nature jusqu'à l'impure société, n'est qu'une affaire de marche. Il ne dit pas expressément que l'histoire marche. D'autres, bientôt, vont oser.

20

Kant, en 1789, fut en retard

Pareil désordre n'aurait jamais dû se produire. Mais la marche de l'humanité en a décidé autrement.

En marchant, toujours respirer par le nez. Exclusivement. Jamais – en aucun cas ! – par la bouche. Conserver un pas régulier, un rythme toujours identique, sur un itinéraire fixe. Ne pas boire de bière, ni en se promenant ni en d'autres occasions. Manger, en saison, de la betterave, des navets, des pois. Fumer une ou deux pipes de bon tabac, de bon matin. Faire systématiquement les mêmes choses aux mêmes heures. Éviter à tout prix les chats… Emmanuel Kant avait édicté une quantité de règles dont il ne s'écartait jamais.

L'horaire de chaque journée était réglé une fois pour toutes. À 4 h 45 du matin, son serviteur l'éveillait en disant : « Il est temps ! » À 5 heures, il buvait deux tasses de thé, fumait deux pipes et préparait ses cours, qu'il donnait de 7 à 9. À 9 heures, il s'occupait de ses livres, jusqu'au repas, toujours pris en compagnie de plusieurs invités. À 19 heures précises, Emmanuel Kant partait faire sa promenade, qui empruntait chaque jour exactement le même itinéraire. Et se couchait à 22 heures pile.

Il donne donc le sentiment d'avoir vécu corseté dans cet horaire, sanglé dans sa kyrielle de normes, d'habitudes et de manies. Peut-être la situation a-t-elle été exagérée par sa légende. Peut-être a-t-il joué à la mettre en avant avec une complaisance qui satisfaisait son tempérament obsessionnel. Mais il n'est pas exclu que cette rigidité militaire ait pu constituer pour lui une hygiène de vie indispensable, un moyen de tenir au cœur de travaux colossaux. Car on oublie souvent, en moquant le vieux Kant, ses emplois du temps méticuleux et ses recommandations étranges, qu'il abattait, année après année, une quantité de travail phénoménale.

Ses grandes œuvres philosophiques – *Critique de la raison pure, Critique de la raison pratique, Faculté de juger, Fondements de la métaphysique des mœurs, Anthropologie,* pour ne citer que les principales – sont la part émergée de l'iceberg. Elles ont marqué profondément l'histoire de la pensée occidentale, mais leur auteur a fait quantité d'autres choses. À côté de multiples écrits et opuscules – dont certains sont toujours lus, d'autres presque entièrement oubliés –, Kant a élaboré une quantité impressionnante de cours sur des sujets et des disciplines fort éloignés, en apparence, de la métaphysique et de la morale.

Car il gagnait sa vie en tant que *privatdozent*, selon un système longtemps en vigueur en Allemagne, où le professeur n'est pas rémunéré par l'État ni aucune institution mais, directement, par ceux qui suivent les cours qu'il dispense. Pour satisfaire ses étudiants-clients, et continuer à pouvoir entretenir sa maison, son domestique, ses déjeuners avec des amis, tout un train de vie assez modestement bourgeois mais malgré tout dispendieux, Kant assurait des cours touchant à des questions d'histoire, de géographie, de littérature, de droit... à raison de nombreuses heures par semaine.

L'homme se levait donc très tôt, travaillait en toute saison et partait marcher, chaque jour, une fois le travail accompli. L'itinéraire, évidemment, ne variait jamais. Le philosophe sortait de sa maison, empruntait le pont en direction du château de Königsberg, descendait vers la vieille ville, traversait ensuite le pont Krämer et se retrouvait finalement, au-delà des quais et des entrepôts, dans l'endroit qu'il préférait : des pâturages sans maisons, avec quelques arbres dont les branches basses touchaient l'eau. Au retour, il empruntait le même itinéraire en sens inverse.

La particularité de cette marche quotidienne est qu'elle faisait passer Kant par tous les registres de la société. Depuis le château, centre du pouvoir et des services administratifs, jusqu'au port, où il côtoyait marins et ouvriers, il traversait les classes sociales à pied. La vieille ville était habitée par les bourgeois, les quartiers suivants par les artisans et commerçants, les quais bruissaient des cris du peuple avant que le chemin ne sorte tout à fait de la ville pour déboucher sur la nature.

La promenade de Kant lui faisait donc parcourir chaque jour la société dans chaque sens, de haut en bas et de bas en haut. Elle lui permettait même un passage de la culture à la nature et retour. Pour un esprit aussi organisé que le sien, il est difficile d'imaginer que ce tracé, hautement symbolique, soit un effet du hasard. C'était donc bien, selon toute probabilité, une promenade philosophique, et pas seulement hygiénique et digestive qu'accomplissait l'homme des Lumières à la tombée du jour.

Il profitait de l'occasion pour saluer toutes sortes de gens, de la bourgeoisie ou du petit peuple, donnait des invitations à son déjeuner quotidien, recevait des sollicitations ou des requêtes écrites. Ou bien, sur la fin de sa vie, se laissait observer par des visiteurs venus des quatre coins de l'Europe contempler le passage d'un homme qui incarnait tout à la fois l'Europe, la raison et la rigueur critique. Longtemps, il avait accepté que quelques étudiants ou amis l'accompagnent, pour parler en chemin. Puis il avait décidé de marcher seul, parce que c'est l'unique moyen de pouvoir respirer par le nez.

Dans le vieux fief teutonique de Königsberg, sur les bords de la Baltique, tout le monde connaissait le philosophe. Il avait toujours vécu là, pratiquement sans jamais quitter la ville. Il était si répétitif et ponctuel qu'une légende veut que les habitants aient réglé leurs montres sur son passage, ou même que le bedeau ait rectifié l'horloge du beffroi en fonction de sa marche. On jugeait Kant aussi fiable, pour savoir l'heure, que le soleil lui-même.

Un jour, pourtant, la mécanique s'est déréglée. Kant a changé son itinéraire. Il n'était ni distrait ni malade. Il ne pouvait être distrait ou malade, puisqu'il respirait par le nez et ne buvait pas de bière. Ce jour-là, il voulait de toute urgence aller chercher le journal. On venait d'annoncer que la Révolution, en France, avait éclaté, qu'une *Déclaration universelle des droits de l'homme et du citoyen* était proclamée, que le peuple se donnait une constitution républicaine.

Ce raté, exceptionnel et infime, dans sa mécanique de marche aussi régulière que le ciel étoilé, est un événement minuscule dans l'ordre des faits. Mais c'est un événement très intéressant dans le registre de la marche des philosophes. Ce que Kant comprend ce jour-là, il le dira quelques années plus tard : il est possible que le genre humain progresse du point de vue moral. Ce n'est ni assuré ni mécanique. Mais c'est possible : la Révolution française le montre en garantissant juridiquement le respect de principes éthiques.

Kant sait bien que les humains ne sont pas des anges. Il n'aurait pas écrit, sinon, que l'humain est fait « d'un bois si noueux qu'il est impossible d'y tailler des poutres bien droites ». Il n'aurait pas soutenu que chacun veut une exception pour lui, et que les lois doivent permettre de gouverner « même un peuple de démons ». Mais il entrevoit, avec cette *Déclaration universelle des droits de l'homme* dont les principes se fondent sur la raison et non la force, la possibilité d'un progrès moral collectif, et irréversible, du genre humain.

Autrement dit, la marche de l'histoire peut prendre le pas sur les itinéraires individuels. La leçon vaut bien un retard.

21

Hegel invente « le chemin qui marche tout seul »

On peut être toujours assis et penser mieux que personne comment marche l'histoire universelle.

Si j'essaie d'imaginer Georg Friedrich Hegel, j'ai l'impression qu'il a toujours vécu assis. On dirait que cet homme-là n'a jamais marché. Ou si peu. Presque pas, juste ce qu'il faut. De son lit à sa table de travail, d'une bibliothèque à une salle de cours. Hegel a passé sa vie entière à lire, à écrire ou à professer. Les images, relativement peu nombreuses, qui le représentent – portraits, dessins, gravures –, le montrent sur une chaise, un fauteuil, travaillant à son bureau, ou bien à sa chaire, à l'université, où il enseigne assis, avec devant lui ses notes manuscrites posées sur un pupitre incliné. Hegel en promenade, en randonnée, en voyage sur ses deux jambes, voilà qui devient difficile à imaginer, tellement, quoi qu'on fasse, ce penseur gigantesque semble physiquement immobile. Même enfant, il a

toujours le nez dans un livre. Génie précoce, il apprend à lire à l'âge où les autres apprennent à courir. Il sait le latin très tôt, bientôt le grec, et préfère, encore petit garçon, les traités de logique aux jeux de ballon. Plus tard, quand il devient successivement précepteur, proviseur, rédacteur en chef d'un journal (*La Gazette de Bamberg*), ensuite professeur (à Iéna, puis à Berlin), il est perpétuellement assis, exceptionnellement debout – mais sans bouger. À se demander si cet homme a jamais su mettre un pied devant l'autre.
En fait, si, une fois, à vingt-six ans, il fait un voyage dans les Alpes bernoises. C'est un fait certain, attesté par de nombreuses preuves concordantes. Difficile d'imaginer qu'en pareille occasion il n'a pas marché un peu, quelques heures au moins, pour contempler les points de vue qui faisaient justement l'objet principal de son séjour. Impossible de les atteindre autrement qu'à pied. Malgré tout, il faut constater que la montagne ne l'émeut pas. Son journal, durant ce périple, n'est que désenchantement. Tous les romantiques, avant lui, autour de lui, sont transis d'émotion, tremblent de frayeur ou d'extase en contemplant les défilés de hautes montagnes, en observant les à-pics, les roches déchiquetées, les flèches, les précipices. Kant, à la même époque, songeant aux mêmes paysages, évoque longuement le « Sublime », sentiment d'écrasement et d'exaltation mêlés qui s'empare des sensibilités humaines face aux spectacles grandioses où la nature se donne à voir dans

sa puissance et sa gloire… Hegel, face aux Alpes, se borne à écrire : « C'est ainsi. »
Le paradoxe de cet homme immobile, de cet anti-marcheur d'exception, est qu'il a pensé la marche du monde – celle des choses, de la nature, mais aussi celle des idées, des sociétés, des moments de l'histoire – avec plus d'acuité, de profondeur et de puissance que quiconque. Car tout marche, avec Hegel, tout bouge et tout avance, tout évolue et se métamorphose. Rien ne reste immobile, identique, à jamais figé.
Marche du monde, marche de l'histoire, marche de l'Esprit, n'ont-elles rien à voir avec une « vraie » marche – physique, corporelle, incarnée ? Toute marche humaine implique décentrement, décollement d'une situation initiale, au risque de tomber, risque aussitôt évité par l'intervention contraire de l'autre jambe.
Or, c'est ce schéma même que Hegel place au cœur de tout – nature comme culture – pour rendre compte du devenir, donc du réel. Vu avec les yeux de Hegel, le réel marche parce qu'il se déstabilise lui-même, du dedans, et qu'il parvient à contrer cette déstabilisation, à reprendre une situation d'équilibre, qui se va trouver à son tour déstabilisée.
Le coup de génie de Hegel ? Penser sous toutes ses formes la marche qui habite le cœur du réel, qui l'anime du dedans. Tout marche effectivement, dans son système, par le jeu universel d'un déséquilibre-rééquilibre-déséquilibre. Ce processus est à l'œuvre dans la nature,

dans l'histoire, dans la pensée. Tout ce qui existe, en ce sens, ne fait que marcher !
Par exemple, dans la nature, le bourgeon se défait, s'autodétruit, se déstabilise. Ce n'est pas pour chuter dans le néant et disparaître intégralement, mais pour se transformer en fleur, donc se restabiliser sous une forme nouvelle. La fleur à son tour se déséquilibre, se métamorphose, se rééquilibre sous une figure neuve – le fruit. Cette marche automotrice fait que chaque chose se détruit du dedans pour se continuer en une autre, à la fois autre et même, à la fois annulée et conservée. Son nom : la dialectique.
Le terme est connu, mais souvent mal compris. La dialectique n'est pas un dialogue. Le terme, en grec, signifie bien « dialogué ». Mais, chez Hegel, il s'agit de tout autre chose que d'une joute verbale. Rien à voir avec une jonglerie rhétorique. « Dialectique » désigne la marche autonome du monde, cette brisure interne du réel qui fait avancer les choses d'elles-mêmes, et d'abord l'histoire des hommes, dans laquelle s'incarne l'Esprit. Pareille marche, en fait, est surpuissante. Elle englobe les événements, les sociétés, les civilisations qui se succèdent, émergent et déclinent. Avec Hegel, sont en mouvement les savoirs comme les arts, les concepts comme les doctrines. Ce processus d'évolution des mondes avance en révélant son sens, mais seulement peu à peu, par étapes, après que les événements ont eu lieu. Et ce sens ne vient pas à l'histoire du dehors.

Il n'existe pas avant qu'elle ait eu lieu, ni ailleurs qu'en elle. Il sourd, pas à pas, des événements eux-mêmes, d'époque en époque, de moment en moment. Les hommes font l'histoire, évidemment, mais sans savoir ce qu'ils sont en train de fabriquer, car le résultat final est tout autre que ce qu'ils projetaient.

Les humains, dans le brouillard des événements, agissent selon leurs plans personnels, leurs ambitions égoïstes et leurs convictions individuelles. Mais, du choc de leurs actions – contradictoires, confuses, mystifiées… – naît une situation, chaque fois différente, qui marche à la fois grâce à eux et indépendamment de leurs volontés. Cette situation possède finalement un sens qui lui est propre – que personne, peut-être, n'avait voulu ni même imaginé. Le résultat des conflits innombrables entre individus et groupes révèle un jour son visage. Personne ne l'a dessiné, pourtant chacun en saisit l'expression.

L'Europe que le philosophe a sous les yeux illustre cette marche dialectique de l'histoire. Les monarchies craquent sous l'effet de leurs tensions internes : les revendications des peuples les font vaciller, l'abolition des privilèges anciens les travaille du dedans. Un régime nouveau naît de la chute du roi de France : la République, l'État des droits de l'homme et du citoyen. Et cette situation nouvelle à son tour se défait, désorganisée par ses propres contradictions, générant guerre civile, Terreur, égalitarisme démesuré et criminel. L'Empire de Napoléon Ier tue la Révolution mais aussi la conserve.

Il la clôt et la prolonge dans le même mouvement, en s'efforçant de réconcilier ordre monarchique et égalité citoyenne. Pourtant rien, dans cette inéluctable avancée de l'histoire, n'est délibéré ni préétabli.
Qu'est-ce qui se réalise, finalement, dans l'histoire ? L'Esprit, répond Hegel, c'est-à-dire Dieu. Dieu se fabrique, « se produit lui-même », se fait et se connaît dans ce « processus graduel » que constitue l'histoire. « L'histoire universelle est la manifestation du processus divin, de la marche graduelle par laquelle l'Esprit connaît et réalise sa vérité. » De peuple en peuple, d'époque en époque, Dieu marcherait donc, à travers l'histoire, à la rencontre de lui-même. Telle est, très schématiquement, la grande vision de Hegel.
C'est bien d'une marche qu'il s'agit. Pour ce philosophe, elle est réelle et non métaphorique. Marche de l'histoire, marche des savoirs, marche de la pensée, marche de l'esprit… ne sont, pour Hegel, que des variantes d'un seul mouvement d'autocréation et d'auto-évolution de la pensée concrète. Hegel a prétendu l'embrasser par son système. Pour épouser la marche du réel, il a cherché et a forgé des « concepts impensables ». Il a voulu trouver un mouvement de la pensée capable d'exprimer le mouvement même du monde, si intimement que la pensée et la réalité ne distingueraient plus leurs marches.
À propos de son système, qui est censé émaner du réel et non le concevoir du dehors, Hegel parle d'un « che-

min qui marche tout seul ». Je ne vois pas de meilleure définition de la dialectique. Cet homme immobile a compris que le monde marche, que le chemin et la marche ne font qu'un, qu'il n'y a pas de marcheur existant indépendamment de la marche... Pas mal, pour un penseur assis.

Marx, son fils rebelle, dira bientôt que cette dialectique, chez Hegel, marche « sur la tête ». Et qu'il faut entreprendre de la remettre « sur ses pieds », pour la faire marcher de manière efficace. Pour lui donner un pouvoir d'intervention dans les luttes politiques. Pour mettre fin à la « préhistoire », à l'exploitation de l'homme par l'homme, au règne de la nécessité. D'autres marcheurs sont déjà en route.

Quatrième promenade

EN COMPAGNIE D'ÉNERGUMÈNES MODERNES

**Ils suivent, à peu de choses près,
les mêmes chemins que les Anciens.
Mais ces philosophes font tout pour les quitter.
Leur rêve : sortir de l'Europe, de l'histoire,
de la civilisation. Et même de la philosophie.**

Les énergumènes, nous avons tendance à l'oublier, sont des possédés du diable. Un démon les habite, qu'il faut faire sortir, en les exorcisant. Voilà le sens premier du terme, dans les Évangiles et dans le vocabulaire théologique. Par extension, le mot désigne des enragés, agités incontrôlables et perturbateurs frénétiques. Que vient-il faire ici ? Dans ces derniers marcheurs philosophes que nous allons accompagner, on ne trouvera ni délirants ni déments. Et je ne crois au diable. Ni à l'existence des démons. Ni à la possession. Alors ?

Ces Modernes sont agités, et « travaillés du dedans » (ce que veut dire, en grec ancien, *energoumenoï*). Comme vous le constaterez, leurs rêves et leurs actes ne sont pas très différents de ceux des Anciens. Par exemple : passer d'un continent à un autre, changer de langue et de culture, trouver de nouveaux chemins pour l'humanité, accroître nos possibilités de connaître… Mais ils les projettent et les réalisent avec une intensité, une radicalité que les Anciens n'ont pas connues ni même imaginées.

Sur des chemins apparemment identiques, ils vont beaucoup plus loin, sortent des traces et s'aventurent hors piste. Ils font communiquer des mondes et des cultures qui s'ignoraient depuis le début de l'histoire. Ils rêvent de rompre avec tout ce qui fut auparavant, de faire marcher l'histoire humaine tout à fait ailleurs. Ou de parvenir à cheminer hors de la civilisation, vers la nature brute, la vie sauvage. On les voit encore marcher sans cesse de vallée en sommet, multiplier les points de vue, les angles d'observation, les perspectives.

Leur ambition n'est plus de simplement se promener, de marcher dans la nature, ou de faire marcher les démonstrations, les savoirs et l'histoire. Ils veulent, d'une manière ou d'une autre, sortir du cadre. Échapper aux codes, aux règles, aux frontières de l'Ancien Monde. Ils voudraient parvenir à marcher toujours, sans se retourner jamais, sans nécessairement aller quelque part. Ils veulent même parvenir, si possible, à marcher en dehors de la philosophie.

Des énergumènes, oui.

22

Le Hongrois qui marcha jusqu'au Tibet

Aller à pied des Carpates à Calcutta est rare. Ouvrir seul l'Occident à la connaissance de la langue et de la culture tibétaines est unique.

Son nom ne figure pas dans les histoires de la philosophie. Si j'ai voulu que cet étrange marcheur, connu seulement de quelques-uns, soit présent ici, c'est que je considère que son travail bouleversa en profondeur l'histoire de la pensée occidentale. Sans tapage, sans moyens, avec seulement ses pieds et son obstination, presque sa folie, il généra des processus dont nous n'avons pas encore vu toutes les conséquences. Avec seulement un dictionnaire, une grammaire, et une ténacité infinie et modeste, il ouvrit des voies de passage inexistantes avant lui. L'histoire de ce Hongrois héroïque vaut donc d'être contée. Il s'appelait Alexandre Csoma de Kõrös.

Il est né en Transylvanie, à la toute fin du XVIIIe siècle, dans une famille de petits nobles miséreux. Ce ne sont pas des détails sans importance. La région est étrange, d'accès malaisé. Elle garde, en Europe, quelque chose de sauvage et de sombre. Être noble empêche de travailler sans empêcher d'être pauvre. Sa famille mène donc une existence de paysans sans le sou, humiliation et fierté en plus.

Pour suivre ses études chez les frères, qui ont remarqué son don pour les langues, le jeune Alexandre fait le ménage dans l'établissement. Tandis que ses condisciples se reposent ou se distraient, lui balaie, fait la vaisselle, range les outils. On se moque de lui. Il apprend à vivre sans se soucier des sarcasmes.

Une seule chose l'intéresse : les langues. Il maîtrise vite le latin et le grec, se débrouille en allemand, se perfectionne en anglais. L'étrangeté de sa propre langue, le hongrois, commence à le préoccuper. C'est l'époque où l'Europe découvre le sanskrit, la langue sacrée de l'Inde, et s'intéresse à sa parenté avec les langues européennes. Mais la langue hongroise n'est pas de la famille indo-européenne. Elle vient d'ailleurs. Mais d'où ? Le peuple magyar parle sans doute un idiome lié à ses origines. Alexandre se met en tête de les découvrir. Il jure avec son sang, en compagnie de quelques condisciples aussi exaltés que lui, qu'il fera tout pour y parvenir.

Certains pensent, à l'époque, que les Magyars et leur langue sont venus de Mongolie. Alexandre n'a donc plus qu'une idée, un seul but dans la vie : aller là-bas, vérifier, trouver l'origine de son peuple, relier son étrangeté présente à son antique passé en Asie. Mais comment va-t-on des Carpates à la Mongolie quand on est pauvre ? À pied.

Mais pas immédiatement. Alexandre obtient une bourse du Royaume-Uni pour continuer ses études à Göttingen. À son retour, le jour où il se sent enfin prêt, il part donc de sa petite bourgade de Kõrös à pied, un sac à l'épaule. Nous sommes en 1819, il a trente-quatre ans. Trois années plus tard, il marche encore, gagne les contreforts de l'Himalaya. Alexandre est passé par la Turquie et la Perse, travaillant pour se nourrir, faisant un long détour pour éviter une épidémie de peste, apprenant au passage le turc et le persan qui s'ajoutent à sa panoplie linguistique.

L'homme est taciturne. Grave, austère, obstiné. Mais il est aussi intelligent et appliqué qu'il est tenace. Au Tibet, le voilà bloqué par la neige. Il commence à assimiler des rudiments de la langue tibétaine, s'initie à l'alphabet, se lie peu à peu d'amitié avec des lamas. Sensibles à sa volonté de savoir, à sa résolution grave, ils finissent par rédiger, spécialement pour lui, des présentations du bouddhisme, répondant de manière détaillée à ses interrogations. Aucun Occidental, auparavant, n'avait eu cette chance.

Alexandre va rester sept ans dans ces montagnes. Été comme hiver. Travaillant dans une cellule de moine, pratiquement sans chauffage, presque toujours dans la plus complète solitude, il va devenir le premier tibétologue de l'histoire, le premier Européen capable de lire et d'écrire le tibétain, de maîtriser la langue et de découvrir, de première main, les textes et les pensées de ce bouddhisme singulier.

Les Anglais ont des enjeux stratégiques dans la région, et le Tibet constitue une pièce décisive dans les parties qu'ils jouent. Ils passent donc commande à Alexandre d'un dictionnaire tibétain-anglais et d'une grammaire du tibétain. Autrefois, des fonds anglais lui ont permis de poursuivre ses études. Homme d'honneur, de parole et de devoir, Csoma de Kõrös accepte de mettre au point ce dictionnaire et cette grammaire. De l'Himalaya, il ira donc à pied au Bengale, puis à Calcutta. Là, il va rester plusieurs années, hébergé par la Royal Asiatic Society of Bengal, la première institution de recherche fondée par les Britanniques. Alexandre dort à même le sol, dans une petite pièce avec, à chacun des quatre coins de sa paillasse, une caisse de livres.

En 1836, dix-sept ans après son départ de Hongrie, Alexandre a fini son travail. Il a ouvert la porte du Tibet au savoir européen. Il a payé sa dette symbolique aux Anglais, et fait œuvre de savant et de pionnier. Mais il n'a pas rempli sa vraie mission, il n'a pas tenu son serment : trouver l'origine des Magyars en Mongolie. Il décide donc de quitter Calcutta. Toujours seul, toujours à pied, toujours sans un sou en poche, il va « aller faire un tour en Asie », comme dit l'une de ses dernières lettres.

Je me souviens de l'émotion qui m'a saisi, le jour où je suis tombé sur sa tombe, par hasard, dans le cimetière de Darjeeling. Une colonne carrée, de pierre claire, entourée de barrières en métal, érigée plus tard par les autorités hongroises, masque en partie la tombe, surmontée de plusieurs plaques de marbre, portant des textes en plusieurs langues. Tous célèbrent ce savant, vertueux jusqu'à la folie, qui repose dans ce petit cimetière perdu sur les contreforts de l'Himalaya. Alexandre, en marche vers sa promesse de jeunesse, est mort à cinquante-huit ans d'une bête dysenterie. Dans son bagage, pas d'argent. Mais des livres en douze langues différentes.

Pourquoi vouloir faire, de ce marcheur fou, un philosophe ? Après tout, il n'a rien écrit qui traite directement de métaphysique, de logique ou de morale. Je soutiens malgré tout qu'Alexandre mérite d'être appelé philosophe, et même de manière plus légitime que son homonyme, l'empereur macédonien qui avait été l'élève d'Aristote. Ce qui exige justification.

Elle est simple : je considère philosophe tout passeur de frontières, ouvreur de brèches, fissureur de murs, de cloisons, de clôtures, tout homme qui permet, avec la rigueur qu'une tâche pareille exige, que se rencontrent des univers mentaux séparés. De ce point de vue, Alexandre n'a pas simplement marché entre les continents, ce qui fait de lui un voyageur d'exception, mais pas un philosophe. Il a marché entre les langues et les civilisations, en frayant des passages qu'à sa suite, armés des outils qu'il a forgés, d'autres peuvent emprunter.

Il a marché ainsi entre les cultures d'Occident et d'Asie, forant des ouvertures, damant des routes. Il a permis que l'horizon se décloisonne, que l'on commence à entrevoir comment le monde se pense très différemment ici et là. Ni le sujet ni l'objet, ni l'être ni le néant, ni la continuité ni la discontinuité, ni le temps ni l'éternité ne se conçoivent identiquement dans la métaphysique européenne et l'antimétaphysique tibétaine.

C'est en partie à la longue marche d'Alexandre, des Carpates à Calcutta, qu'on doit d'en avoir pris la mesure. Et de devoir continuer à le faire, car la grande course n'est pas achevée…

Par souci d'exactitude, il convient de préciser que l'hypothèse d'une origine mongole des Magyars et de la langue hongroise s'est vite révélée fausse. La découverte des langues dites « finno-ougriennes » a permis de rattacher le hongrois, comme le basque, à un foyer linguistique originaire du nord de l'Europe, et non de l'Asie.

Alexandre, en poursuivant une chimère, a donc rencontré un monde réel, jusqu'alors inconnu.

Il n'est pas exclu que ce puisse être une définition de ce que font les philosophes.

23

Marx voit marcher l'Histoire

L'humanité avance, et devrait finir, un jour, par devenir libre.

« Il sacrifiait tout le corps au cerveau : penser était sa plus grande jouissance. Je l'ai souvent entendu répéter le mot de Hegel, son maître de philosophie au temps de sa jeunesse : "Même la pensée criminelle d'un bandit est plus grande et plus noble que toutes les merveilles du ciel". » Paul Lafargue écrit ces lignes en 1890, quelques années après la mort de Marx, dont il avait épousé la fille.

Pourquoi citer ce témoignage ? Pas pour mettre en lumière le paradoxe d'un penseur matérialiste capable d'un grand mépris pour son corps, mangeant peu et mal, dormant de même, faisant preuve d'une hygiène de vie méticuleusement déplorable. Si Marx est mort assis, dans le fauteuil de son bureau londonien, à seulement soixante-cinq ans, ce n'est pas un hasard. Une vie d'excès – excès de travail, excès de privations, excès d'inquiétudes et de soucis, privés et publics, philosophiques et politiques… – a eu raison de son organisme, pourtant robuste. À force de l'imaginer à la bibliothèque à Londres, à sa table de travail, toujours écrivant – soit des articles pour nourrir maigrement sa famille, soit son œuvre théorique interminable, soit des directives et programmes politiques –, on a oublié que Marx fut un marcheur.

Or cette indication est fournie par les souvenirs personnels de Paul Lafargue. C'est pourquoi j'ai choisi de le convoquer. Son gendre, en effet, a vu Marx marcher en ville, au bureau, à la campagne… Il y insiste : « Le seul exercice physique qu'il pratiquait régulièrement était la marche ; il pouvait marcher et gravir des collines pendant des heures, en bavardant et en fumant, sans ressentir la moindre fatigue. On peut affirmer que dans son cabinet il travaillait en marchant, ne s'asseyant que pour de courts moments, afin d'écrire ce que son cerveau avait élaboré tandis qu'il allait et venait dans la pièce. Même en conversant, il aimait marcher, s'arrêtant de temps en temps, quand la discussion s'animait ou que l'entretien prenait de l'importance. Pendant des années, je l'ai accompagné dans ses promenades du soir à Hampstead Heath ; c'est au cours de ces marches à travers les prairies qu'il fit mon éducation économique. Il développait devant moi, sans peut-être le remarquer, tout le contenu du premier volume du *Capital* au fur et à mesure qu'il l'écrivait. »

Comme Hegel, mais autrement, Marx parle de la marche de l'histoire, de la marche de l'humanité, de la marche des événements, des révolutions, des changements d'époque… Il ne cesse de préciser qu'il a compris la marche *réelle* de l'histoire. Il prétend en avoir percé l'énigme. Marx proclame avoir quitté le terrain des images et des représentations pour le réel – qui est matériel et économique. Sans doute n'est-on pas obligé de le croire sur parole. Mais cela vaut d'être examiné.

De son maître Hegel, qu'il avait surnommé « le Vieux », Marx conserve la dialectique : les situations historiques évoluent en raison de leurs contradictions internes, des tensions qui les habitent. Mais il faut retourner l'image, regarder dans le sens opposé. Hegel, selon Marx, ne se trompe pas sur le rôle de la dialectique, mais plutôt sur le registre où elle s'exerce. Hegel croit en une marche de l'esprit, une dialectique des concepts. Chez lui, dit Marx, la dialectique « marche sur la tête ; il suffit de la remettre sur ses pieds pour lui trouver une physionomie tout à fait raisonnable ».

Mettre la dialectique « sur ses pieds », voir marcher l'histoire dans le bon sens, concrètement, signifie pour Marx penser en matérialiste, repartir de la vie concrète des humains. Leur manière de produire leur subsistance, de transformer le monde matériel, d'organiser collectivement cette transformation et les échanges qu'elle nécessite, voilà ce qui fait marcher l'histoire. Ce fondement matériel, on ne l'a pas vu, on l'a nié, on a fait semblant de regarder ailleurs. À sa place furent inventées des causes imaginaires et fantasmagoriques.

Marx le disait déjà dans *L'Idéologie allemande* : « Jusqu'ici, toute conception historique a, ou bien laissé complètement de côté cette base réelle de l'histoire, ou l'a considérée comme une chose accessoire, n'ayant aucun lien avec la marche de l'histoire. » Ainsi a-t-on cru à tort que les idées faisaient marcher le monde. En fait, c'est l'inverse : le monde fait marcher les idées. Elles naissent des changements matériels, mutent avec eux, se transforment à mesure que les conditions de vie concrètes se métamorphosent.

Chez Marx, il est donc question de marche. Comme chez Hegel. Mais il ne s'agit en aucun cas d'une marche de l'Esprit. La dialectique est matérielle. Sa marche est celle de la production, de l'économie, des bases réelles de la vie. Tel est le b.a.-ba du retournement opéré par Marx. Encore faut-il faire un ou deux pas de plus.

Car il s'agit de comprendre que l'histoire matérielle marche toute seule, indépendamment du travail commun des humains. Cette marche résulte de la « puissance conjuguée » des efforts, de la coopération des uns et des autres, mais elle constitue aussi une force qui vient s'imposer à tous de l'extérieur. Cette réalité n'est pas perçue. Les humains ne voient pas ce qu'ils font : « La force productive décuplée qui naît de la coopération des divers individus conditionnée par la division du travail n'apparaît pas comme une puissance étrangère, située en dehors d'eux, dont ils ne savent ni d'où elle vient ni où elle va, qu'ils ne peuvent donc plus dominer et qui, à l'inverse, parcourt maintenant une série particulière de phases et de stades de développement, si indépendante de la volonté de la marche de l'humanité qu'elle dirige en vérité cette volonté et cette marche de l'humanité. »

L'humanité se trouve donc prisonnière d'une représentation faussée, qui la pousse à marcher contre son gré. En quoi consisterait sa libération ? L'humanité devrait se réapproprier la conscience de sa propre puissance, ne plus subir la marche de l'histoire, comprendre que cette marche ne dépend que d'elle seule.

En ce sens, l'émancipation des travailleurs, pour Marx, évoque bien la marche. Mais il ne s'agit plus simplement de la grande marche de l'histoire, de l'humanité et des modes de production – marche mécanique, anonyme et impersonnelle. Il s'agit au contraire, pour l'humanité, d'apprendre à marcher. Au-delà du règne de la nécessité, des travaux forcés, l'humanité doit apprendre comment avancer seule, debout, inventant où elle veut aller en se réinventant elle-même, cessant d'être actionnée du dehors par les rouages de la marche du monde.

Dans un texte assez étrange de Friedrich Engels, en 1876, il est question de la marche comme signe distinctif de l'espèce humaine. Ce n'est pas par hasard, évidemment. L'article s'intitule « Le rôle du travail dans la transformation du singe en homme ». Il développe l'idée que l'évolution de l'espèce humaine fut originairement liée au travail. Chez Marx – toujours plus subtil qu'Engels, ce qui n'est pas vraiment difficile – se trouve une idée différente : au-delà du travail commencera la vraie marche des humains. Celle qui sera libre. Le singe a commencé à travailler et à marcher. L'homme a continué à avancer, entraîné malgré lui et hors de lui par le travail. Un jour, l'homme marchera selon son gré, le travail derrière lui. Peut-être…

24

Thoreau marche en sauvage

Sortir de la civilisation, se fondre dans la nature, retrouver l'origine et l'instinct, est-ce paradis ou enfer ?

Henry David Thoreau ne fait pas semblant. Marcher n'est pas une distraction. Ce n'est pas un loisir, pas même un hobby ou une passion quelconque. Au contraire, il fait de la marche l'exact synonyme de la vie, prise au sens le plus élémentaire, le plus brut et fort : une puissance souveraine, échappant aux règles, aux normes, aux convenances. Si Thoreau marche tant, c'est d'abord en raison d'une nécessité profonde, impérieuse, mystérieuse. Celle de la vie elle-même.

Il ne marche pas moins de quatre heures par jour, et bien plus à certaines périodes. Souvent, ce sont des journées entières, dans des directions différentes. Parfois au hasard. Non pour aller quelque part, plutôt pour approcher l'inconnu. Thoreau aime faire des découvertes, apercevoir soudain l'insolite d'un endroit qu'il croyait connaître. Il s'émerveille quand surgit une ferme isolée, un bois caché, une rivière secrète, là même où il pensait avoir déjà tout arpenté.

Thoreau marche en symbiose avec la nature, dans une campagne américaine encore peu transformée – loin des villes, du monde et de la civilisation. Nous sommes au milieu du XIXe siècle : le continent est encore peu peuplé, bien peu urbanisé. Il est possible, en certaines régions, de marcher des jours sans rencontrer âme qui vive. Comment ne pas imaginer alors rencontrer à chaque pas l'originaire, la réalité première, la nature brute ?

Thoreau s'immerge avec fièvre dans cette existence primitive et cosmique. Il vit au milieu des arbres, s'efforce d'être autosuffisant, s'applique à ressentir, en lui et autour de lui, la puissance cosmique de la vie – énigmatique, libre, souveraine. Brute, absolument. Cette existence immergée dans la nature, en fusion avec les éléments comme avec les vies animales, Thoreau l'a décrite dans *Walden ou la Vie dans les bois.* Ce n'est pas sans raison que ce livre, chez certains, est devenu culte. Les mouvements qui veulent en finir avec la technique, mettre un terme à la domination humaine sur la nature et son cortège d'arrogances vaines comme de saccages irréversibles, ont fait de *Walden* une sorte de nouvel Évangile.

Le mot n'est pas trop fort. La marche a bien, pour Thoreau, une signification absolue et rédemptrice. Les marcheurs forment à ses yeux une confrérie secrète, un peuple rare, un archipel d'exceptions touchées par une grâce mystérieuse et radicale. « Je n'ai rencontré qu'une ou deux personnes au cours de mon existence qui aient compris l'art de la marche », affirme Thoreau dans une conférence décisive, prononcée au printemps 1851, publiée sous le titre *Walking*, qu'il considère comme une introduction à sa pensée.

D'emblée, marcher y est considéré comme une affaire vitale et spirituelle. Pas question de divertissement, seulement de salut, de rédemption, de reconquête de la nature perdue : « Chaque marche est une sorte de croisade, prêchée par un Pierre l'Hermite qui sommeille en chacun de nous, pour aller reconquérir cette Terre sainte qui est tombée aux mains des Infidèles. » La marche, pour Thoreau, exige donc, idéalement, une rupture absolue avec nos ancrages : « Nous devrions entreprendre chaque balade, sans doute, dans un esprit d'aventure éternelle sans retour. » Marcher, dès lors, revient à défaire tous les liens, à partir sans idée de retour, à casser toutes nos attaches : « Si vous êtes prêt à abandonner père et mère, frère et sœur, femme, enfants et amis et à ne jamais les revoir ; si vous avez payé toutes vos dettes, rédigé votre testament, réglé toutes vos affaires et êtes un homme libre ; alors vous êtes prêt pour aller marcher. »

Quel sens a donc pareille rupture ? Vers quelle Terre sainte, quelle béatitude, chemine ce marcheur en quête d'Absolu ? En quoi consiste donc l'enfer qu'il veut laisser derrière lui, le vieux monde qu'il entend quitter à jamais ? Les réponses ne sont pas difficiles à trouver. Il suffit de lire, jusqu'au bout, ces pages enflammées.

Où va la marche, selon Thoreau ? Dans le « sauvage ». C'est là qu'elle se dirige, se déploie, s'immerge, se développe. Le « sauvage » – *Wild* – est ce que la marche habite, traverse et rejoint, dans un paradoxal mouvement de rupture et de retrouvailles. Elle dit adieu aux villes, aux artifices, aux techniques. Elle rompt avec la civilisation, les conventions, les normes, les codes. Elle quitte la culture, et même le langage, pour n'être plus que corps, sensations, instinct, cosmos.

Le Salut, la Terre sainte, la vie, c'est donc le *Wild*. « Dans la vie sauvage repose la sauvegarde du monde », conclut Thoreau. L'enfer, les ténèbres, l'antivie, ce sont les villes, les lois, les ordres symboliques – langage, culture, entraves construites par les humains. « Donnez-moi une nature sauvage qu'aucune civilisation ne peut supporter de regarder. » Thoreau précise : « Je demande quelque chose [...] que nulle *culture,* en bref, ne peut donner. »

Il s'agit donc de marcher non seulement *hors* de la culture, mais contre elle. Cette rébellion contre l'ordre, contre tous les ordres, les savoirs, les règles, au profit du sauvage, du libre, de l'instinctif, paraît d'abord attirante. Elle a pour elle une sorte d'ardeur farouche et bravache, un parfum d'exigence sans concession. Elle peut faire illusion. Mais ce n'est qu'une illusion. Du moins à mes yeux.

Une illusion dangereuse. Car cet éloge du « sauvage » a tout d'un fantasme. Cette détestation des villes et de la culture, cette haine de la civilisation sont porteuses d'une violence fanatique, destructrice, voire exterminatrice. Marcher hors de l'humain revient vite à marcher contre l'humain. La surestimation grandiloquente de la nature, des grands espaces, de tout ce qui est brut et indompté possède aussi, à mes yeux, des relents détestables et dangereux. N'en déplaise à Thoreau, à ses thuriféraires et à ses successeurs, marcher contre la civilisation, contre la culture, contre les lois et les normes ne paraît ni grand ni souhaitable. Il n'y a qu'un pas, souvent facile à franchir, du sauvage au barbare, de l'éloge du brut à la brute.

À l'opposé de cette fascination pour le sauvage, je persiste à préférer – comme firent, à travers les millénaires, tous les savants, artistes, penseurs, architectes, politiques, philosophes et écrivains qui ont contribué à humaniser le monde – ce qui est travaillé à ce qui est brut, ce qui est policé à ce qui est sauvage, ce qui est construit, transformé, codé à ce qui est donné tel quel dans la nature. Car c'est sur cette voie que marche l'histoire humaine.

Il n'y aurait donc, dans le fond, que deux marches, et qui vont en sens inverse.

L'une, ancienne, chemine hors du chaos, de l'instinct, de l'informe, du sauvage, hors de la nature brute, inculte et rude, pour faire advenir un monde humain construit, édifié, fabriqué.

L'autre, récente, mais qui se dit plus ancienne, aspire à quitter l'ordre construit pour la liberté supposée du monde, rêve de tout refuser pour rejoindre un paradis sauvage qu'elle croit perdu.

Sans hésitation, je préfère la façon de marcher de la civilisation. Sur le chemin du paradis sauvage, croyant se retrouver, je suis convaincu qu'on s'égare, comme Thoreau et ceux qui le suivent.

25

Kierkegaard se cache dans les rues

Il marche au hasard dans Copenhague, des heures et des heures, tous les jours ou presque. Et chez lui, il écrit, la nuit, frénétiquement.

« Ne perdez surtout pas l'envie de marcher ; moi-même, chaque jour, la marche me procure mon bien-être quotidien, et m'éloigne de la maladie ; mes meilleures pensées sont venues en marchant, et je ne connais aucune pensée si lourde qu'on ne puisse s'en éloigner à grands pas. » Quand il écrit ces lignes, à Copenhague, en 1847, Søren Kierkegaard a juste trente-quatre ans. Il s'adresse à Henriette, sa « chère Jette », sa belle-sœur, seconde épouse de son frère Peter.

Au premier regard, il semble ne s'agir que d'une affaire d'hygiène. La marche, c'est la santé, donc ne l'oublions pas. Pour nous maintenir en bonne forme, faisons chaque jour un exercice suffisant, etc. Il faut toujours se méfier du premier regard. Surtout avec un penseur aussi paradoxal, subtil et tourmenté que ce Danois qui fait tout pour n'être pas situé, classé, épinglé, fixé quelque part.

Vous le croyez philosophe, il devient écrivain. Vous le jugez chrétien, il explique qu'il est impossible de l'être vraiment. Vous voulez connaître ce qu'il pense, partager ce qu'il écrit, vous ne le trouverez pas forcément là où il s'affiche, tant il multiplie les pseudonymes, les masques, les reflets. Alors, quand il fait de la marche une simple question de bonne santé, mieux vaut se méfier.

Il précise d'ailleurs à sa chère Jette que la santé n'est jamais vraiment là. On court toujours après : « Même si un individu courait perpétuellement après sa santé sans pouvoir la rattraper, car toujours en retard d'un pas – alors je dirais encore *marchez* ! Il est évident que c'est par la pratique continue de la marche que l'on s'approche autant que possible du bien-être, même si on ne l'atteint jamais complètement – en tout cas, plus on est assis et plus on reste assis, plus le malaise se fait sentir. » Voilà que la marche se révèle d'un coup à double face : course au bonheur, auquel on n'accède jamais totalement, fuite hors du malheur, où l'on sombre en demeurant immobile.

« Tant que l'on marche, tout marche bien », ajoute Kierkegaard en usant de tous les sens du verbe, car ils ne se distinguent pas vraiment. Quand je marche, tout fonctionne, le monde marche, parce que seul compte le mouvement, la pérégrination, le fait même de ne pas stagner, de ne pas demeurer inerte, statique, alangui – assis. Quand se perd le goût de la marche, quand les mouvements ne s'enchaînent plus, tout s'effondre, rien ne va plus.

Cela arrive. Søren note dans son *Journal* : « Je n'ai de goût à rien, ni à marcher – c'est une fatigue ; ni à m'étendre ; car il faudrait ou rester longtemps allongé et c'est de quoi je n'ai pas envie, ou me lever tout de suite après et je n'en ai pas non plus envie – ni de faire du cheval, trop rude exercice pour mon apathie ; je n'ai de goût qu'à rouler en voiture. » Par périodes, quand la dépression l'emporte, il se fait donc voiturer vers la campagne, pour la journée, parfois plusieurs jours. Ces virées l'emmènent dans les petites villes de Sélande, Hørsholm, Pedersborg, Fredensborg. De février à novembre 1844, il a ainsi fait une quarantaine de voyages en voiture. « Perdre le goût de marcher », il sait donc ce que cela veut dire.

Mais cela ne se produit pas souvent. La plupart du temps, quels que soient la température, l'état du ciel, la saison, Kierkegaard arpente les rues de Copenhague. Presque chaque jour, des heures, toute sa vie. Pas d'itinéraire fixe ni d'horaire immuable. Rien à voir avec Kant à Königsberg. Søren marche au hasard, au gré de ses sautes d'humeur et de ses rencontres. La ville est calme, hospitalière, assez vaste pour s'y promener sans jamais se lasser, assez restreinte pour être sûr d'y croiser toujours quelqu'un que l'on connaît.

Or, tout le monde connaît ce beau jeune homme riche, oisif, élégant, qui habite seul un bel appartement au premier étage dans Nørregade, et quitte cette artère centrale pour déambuler en tous sens, des journées entières, saluant les uns, évitant les autres, comme s'il n'avait rigoureusement rien d'autre à faire. Comment, d'ailleurs, ferait-il quoi que ce soit, lui qui est toujours dans la rue, toujours en train de marcher ?

Pourtant, dès qu'il rentre, il écrit. Sans arrêt, sans pouvoir s'en empêcher, compulsivement. Avec le sentiment de ne pas arriver à suivre ses pensées, d'être toujours en train de courir derrière elles. Il marche tout le jour en ville et écrit la nuit, dès qu'il a refermé sa porte, parfois sans avoir enlevé manteau ni chapeau. Chaque pièce de l'appartement est pourvue d'un pupitre avec papier, plume et encre, pour s'y mettre à tout instant. Là, sans que personne le voie, il noircit fiévreusement des pages et des pages.

Et ne les signe pas de son nom. Quantité de textes de Søren circulent ainsi sous une ribambelle de pseudonymes : Victor Eremita, Johannes de Silentio, Constantin Constantius, Vigilius Haufniensis, Nicolaus Notabene, Johannes Climacus… entre autres. Entre l'homme qui marche dans les rues, que tout le monde croise et observe, et ces kyrielles de réflexions, pamphlets, brochures, analyses, quel rapport ?

Kierkegaard semble rêver parfois qu'il n'y en ait aucun. En marchant publiquement tant de temps, à la vue de tous, il dissimule aussi sa frénésie graphique. Marcher en ville est un pseudonyme de plus, une manière efficace de faire croire qu'il est un autre. En s'exhibant, il se cache.

Mais cette marche est en même temps source d'observations, de ruminations, d'inspiration. Il emmagasine et médite, en marchant, ce qu'il va poursuivre, la nuit, la plume à la main. Il se pourrait alors que ce soit une erreur de croire que coexistent deux temps, deux univers, l'un constitué par les marches au-dehors, l'autre composé par les écritures au-dedans. En fait, les deux se superposent, se répondent et se prolongent : il n'y a qu'une seule et même existence, une subjectivité pure, traversée d'émotions, de doutes, de fulgurances. C'est ce que dit toute l'œuvre de Kierkegaard.

26

Ce que Nietzsche discerne en marchant

Pour cesser de croire que Nietzsche se contredit, il faut comprendre ce que la marche change dans son regard.

« Penser à l'air libre, marchant, sautant, montant, dansant, de préférence sur les montagnes solitaires ou sur les bords de mer, là où même les chemins se font méditatifs. » Voilà sa façon, son chemin à lui, son conseil – son *ethos,* comme il dit, c'est-à-dire à la fois son comportement, sa manière de vivre, sa norme première. Elle mobilise le corps, le mouvement et l'effort, sans distinguer le muscle et l'intuition, les gestes et la réflexion. Parce que tout bouge ensemble. Nietzsche y revient souvent : pas de pensée vive sans pas vif. Ce qui est conçu assis – immobile, au bureau, en bibliothèque – sera bas de plafond, figé, court. Ou moisi.

Reste à comprendre pourquoi. Admettons que le monde des penseurs se divise en deux. Ici, les « culs de plomb », jambes immobiles, intestins recroquevillés, idées lourdes ou confuses. Là, les arpenteurs de sentiers, pieds agiles, entrailles propres, pensées affûtées, aiguës, vivaces. C'est frappant, indiscutablement. C'est amusant, ou séduisant, éventuellement. Mais sur quoi repose ce clivage affirmé ? Et que veut-il dire au juste ?

Ces questions ne sont pas souvent posées. Parmi les lecteurs de Nietzsche, quelques-uns haussent les épaules, la plupart se contentent d'abonder dans son sens. Au lieu de l'interroger. C'est ce que je souhaite faire. Parce qu'au premier abord, j'ai l'impression de ne pas saisir pourquoi Nietzsche insiste tant sur la marche.

Aucun philosophe, sans doute, n'a accordé à la marche tant de temps, d'efforts et d'importance. Nietzsche a marché toute sa vie, avant de s'effondrer, puis de survivre, immobile, presque muet, dans une chaise roulante, les dix dernières années. Il a marché tant qu'il a pensé, écrit, vraiment vécu. Ses promenades étaient longues, variées, privilégiaient les escarpements, les dénivelées, les panoramas. Il a parcouru aussi bien les lacs suisses (Sils-Maria), les Dolomites, les falaises de Méditerranée (Eze), que les villes italiennes (Turin, Gênes) et françaises (Nice, Menton).

Plus que tout autre, il a répété, jusqu'au moment de son dernier éclat, dans *Ecce Homo,* « ne prêter foi à aucune pensée qui n'ait été composée au grand air, dans le libre mouvement du corps – à aucune idée où les muscles n'aient été eux aussi de la fête ». Derechef, pour quelle raison ? Parce que telle était sa singularité ? S'agit-il seulement de la physiologie de Friedrich, de son idiosyncrasie personnelle ?

Si c'était le cas, il suffirait de voir en Nietzsche l'illustration parfaite de cette famille de penseurs qui prennent la nature comme bureau. Des gens qui pensent avec leurs pieds, et arpentent leur âme en même temps que la terre. Qui ont un besoin, vital, de bouger pour réfléchir. Comme nombre de philosophes antiques, comme Thomas Hobbes qui avait, dit-on, un encrier dans le pommeau de sa canne pour noter les idées surgissant pendant ses marches. Comme Montaigne, Rousseau, Thoreau, et tant d'autres, penseurs de grand chemin plutôt que rats de bibliothèque. Et alors ? Juste une catégorie ? Une affaire de goût, de tempérament ?

Nietzsche répond clairement. Oui, c'est bien une affaire d'organes et de physiologie. Oui, il existe des corps lourds, d'autres vifs. Oui, il en résulte des pensées pesantes ou bien des intuitions allègres. Oui, il faut se défier des pensées secrétées par des entrailles immobiles, privilégier celles jaillies des muscles en mouvement. Dans ces affirmations, il est facile de voir ce qui est en jeu : cesser de distinguer corps et âme. Nietzsche célèbre l'unité de l'intestin et de l'intellect. L'organisme vivant est la source de toute pensée. On médite comme on digère, on digère comme on marche. Soit on stagne dans le rance et l'immobile, soit on avance avec joie.

Nietzsche va jusqu'au terme de cette vérité corps-âme, marche-pensée. On n'écrit bien, dit-il, « qu'avec ses pieds ». Entre penseur et danseur, entre oreilles et orteils, il soutient l'équivalence la plus complète : « Ses oreilles, le danseur les porte sur les orteils », dit Zarathoustra. Le frémissement des jambes, la vivacité du pas sont des critères qui ne trompent pas : « On voit à la démarche de chacun s'il a trouvé sa route. L'homme qui s'approche du but ne marche plus, il danse. »

Une fois rappelées ces affirmations, la question revient : qu'est-ce qui les justifie ? Une évidence sidérante qui s'imposerait sans qu'on sache comment ni pourquoi ? L'arbitraire, la nécessité ? Comme souvent avec Nietzsche, on a d'abord l'impression d'avoir à faire à une sorte de diagnostic abrupt : « C'est comme ça. » À prendre ou à laisser. Pas à justifier ni à légitimer. La question même de savoir si ce statut du corps marchant-pensant est vrai ou faux n'a pas lieu d'être posée : Nietzsche disqualifie les privilèges anciens de la vérité, et fait l'éloge des illusions nécessaires. On risque donc de tourner en rond, croyant qu'il se contente de transformer son besoin de marcher en règle générale. De sa nécessité personnelle, il ferait loi universelle. De son idiosyncrasie, il tirerait une règle valable pour tous. En fait, ce n'est pas si simple.

Il me paraît possible de mettre en lumière ce que Nietzsche voit en marchant, de faire le lien entre ses marches et sa philosophie autrement qu'en se fiant à ses affirmations péremptoires. Pour cela, il suffit de se demander ce qui arrive, effectivement, quand on marche d'une vallée à un sommet.

D'abord un mouvement. Évolution, changement, et non identité fixe, posture figée. Si Nietzsche pense à travers la marche, c'est d'abord parce que le devenir est ce qui l'intéresse. Pas l'être. Dans le sillage d'Héraclite, il privilégie le flux de la réalité, l'incessant changement des choses et des individus, des formes et des instants. Au lieu de l'immuable, de l'éternel, des formes fixes et des idées cristallines dont rêvent Platon et l'Occident à sa suite, Nietzsche retrouve la métamorphose de toute chose. Rien ne demeure identique. Tout s'écoule, devient, mue, meurt, renaît… Il n'y a dans le monde que flux, mouvements et passages – voilà ce que la marche évoque d'abord. Penser comme on marche, c'est bouger sans cesse, avancer continûment dans sa tête et son corps, dans ses jugements et ses phrases. L'immobile est irréel, seule la marche convient au monde.

Ensuite, dès qu'on marche en montagne, on prend de la hauteur, on embrasse du regard l'ensemble du paysage. La configuration des éléments se donne à voir clairement. La disposition des maisons, des villages, des cours d'eau, des bois se manifeste. Il devient possible de discerner une organisation qui ne se révèle jamais quand on reste dans la vallée, entre les bâtiments, le long de la rivière.

Ce que permet à Nietzsche la marche en hauteur, c'est d'accéder au panorama. Voir plus vaste, plus ample que notre lieu habituel, plus loin que le bout de nos chaussures. Le thème est ancien dans la philosophie.

Nietzsche ne l'a pas inventé, pas plus que le devenir. Mais il le reprend et l'intensifie. Au vieil exercice spirituel des stoïciens qui consistait à voir le monde d'en haut, à prendre du recul pour discerner sa propre place dans un paysage plus ample, Nietzsche substitue la perspective en surplomb qui fait contempler des siècles, des civilisations, des tendances de longue durée. Ce n'est que d'en haut que l'on saisit comment naissent et meurent des sentiments, des instincts, des valeurs... Marcher, en ce cas, n'est pas voyager. C'est faire mouvement hors du cadre, pour contempler de plus haut.

Enfin, et surtout, la marche de la vallée à la montagne permet de changer de perspective. Ce qu'on scrute est bien toujours le même monde (l'ensemble vallée-montagne), mais il est perçu à partir d'un autre point de vue. Si Nietzsche marche, grimpe, se hisse sur les sommets, redescend, chemine, remonte, change de vallée, passe un col... c'est uniquement, je crois bien, pour multiplier les perspectives.

Pour comprendre sa démarche, c'est là un point essentiel. En fréquentant Nietzsche, au début, le lecteur a souvent l'impression qu'il se contredit, change de jugement, dit tout et son contraire. Il arrive que de bonnes volontés en soient déconcertées. Leur verdict : philosophe incohérent, girouette au gré du vent, capable de dire blanc le matin et noir le soir. Pareils lecteurs oublient la marche, la montagne et la vallée, les changements de perspective.

Selon les points de vue, en effet, Nietzsche voit différemment, et juge en conséquence. Par exemple, il fait l'éloge du bouddhisme, de son hygiène mentale, de sa propreté quand il a en ligne de mire le christianisme et son « dérangement » qui condamne la chair et mortifie le corps. Comment comprendre, dès lors, qu'il mette parfois christianisme et bouddhisme dans le même sac, si l'on ose dire ? C'est que sa perspective est autre : ces deux religions – opposées d'un certain point de vue – se ressemblent et s'assemblent d'un autre point de vue, en l'occurrence celui du « non » à la vie, c'est-à-dire du refus du désir et de la souffrance.

Il en est de même de quantité de notions, où l'on croit buter sur des contradictions, alors qu'il n'y en a aucune. Ainsi la chasteté pourra-t-elle être bonne ou mauvaise, la diète bénéfique ou nocive, la méditation féconde ou stérile, la cruauté stimulante ou destructrice... la pensée même vivifiante ou mortifère. Question de vallée ou de montagne. De circonstance, de contexte. De perspective. Des variations, des contrastes, voilà ce que Nietzsche voit en marchant.

Il ne marche donc pas pour se sentir mieux, s'activer le sang et le souffle. En tout cas pas seulement. Il marche pour voir selon différents angles, selon plusieurs perspectives. Il explore, et nous avec lui, des dénivelées, des différences de potentiel dans le temps et l'espace. Ce pourrait être une façon d'envisager le travail des philosophes.

27

Comment marcher entre les mots ?
Le chemin L.W.

Que fait Wittgenstein, seul, dans cette cabane perdue au fond d'un fjord ? Il défait la philosophie.

Skjolden, 200 habitants. Au cœur de la Norvège, au fond du fond d'un des plus imposants fjords du monde, qui s'enfonce dans les terres sur plus de 200 kilomètres, jusqu'au pied des montagnes. Vous vous garez sur le parking de Vassbaken, à trois kilomètres du village. À pied, empruntez le chemin de terre, celui des tracteurs, il en passe rarement, mais on appelle comme ça, ici, ce genre de routes boueuses. Un bon quart d'heure plus tard, après avoir passé le pont sur la rivière (une bonne rivière à saumons, d'après ce qu'on dit), au bout d'un moment, tournez à gauche. Vous ne devriez pas pouvoir vous tromper : il y a un panneau. Sauf s'il a disparu, ou s'il est entièrement couvert de neige, ce qui arrive, vous verrez écrit, sur la fine bande de bois qui se termine en forme de flèche : « Wittgenstein ».

C'est le seul sentier de Norvège qui porte le nom d'un philosophe. Du moins à ma connaissance. Il y a dans le monde quelques promenades, itinéraires et allées qui arborent des noms de philosophes, comme le chemin de Kant à Königsberg, le sentier de Nietzsche à Eze, l'allée des Philosophes à Kyoto que parcourait Nichiren, etc. Mais, en Norvège, il n'y a que ce raidillon qui grimpe, à présent, de plus en plus.

Les derniers mètres sont carrément escarpés. Des tringles en métal ont d'ailleurs été fixées dans le roc pour éviter de glisser, l'hiver, quand tout est gelé. Cela dit, une fois à la cabane, la vue vaut la peine.

Du fond du fjord, une vingtaine de mètres au-dessus de la surface de l'eau, le regard glisse sur un lac intérieur, profond et paisible, entouré de hautes parois rocheuses tapissées de forêts. Quand le philosophe habitait là, un treuil était en fonction. On voit encore le poteau, mais le câble a disparu. Il suffisait d'un seau pour puiser l'eau du fjord, et la remonter jusqu'à la cabane.

Elle est modeste, mais c'est quand même une petite maison. Sept mètres sur huit. Le philosophe l'a construite de ses mains. À plusieurs moments de sa vie, il est venu y habiter, durant d'assez longues périodes. Pour la première fois en 1913 et 1914, quand il travaille à ce qui sera son œuvre initiale, le *Tractatus logico-philosophicus*. Ensuite en 1935 et 1936, pour fuir Cambridge et la vie universitaire. En 1950, une dernière fois, alors qu'il est déjà rongé par le cancer qui va bientôt l'emporter.

Pour aller au village, Wittgenstein descend le sentier, ensuite il prend la barque. Ou bien il traverse le fjord à pied, quand la glace le permet. Le plus souvent, durant des journées entières, il ne voit personne, ne parle à personne. C'est ainsi qu'il est bien. Ou moins mal. Immergé, en tout cas, dans ce qui lui est nécessaire.

Skoldjen n'est pas son unique refuge. Wittgenstein vécut aussi en solitaire comme jardinier dans un monastère, comme instituteur dans des villages perdus des Alpes autrichiennes (Ottersthal, Puchberg, Trattenbach), comme ermite dans une maison d'Irlande.

Il avait passé, au cœur de Vienne, sa jeunesse princière dans une des plus riches familles d'Europe, que fréquentaient peintres, musiciens, poètes, industriels et banquiers. Cette vie-là ne l'a jamais vraiment intéressé. Quand il a hérité de sa part de la colossale fortune de son père, Wittgenstein a tout donné. Ce qui le préoccupe, c'est en fait de marcher hors de ce monde.

« Marcher hors de ce monde », qu'est-ce que cela peut signifier ? Refuser le clinquant, les semblants, les codes. Mais aussi : rejoindre le « vrai » monde – celui des paysans, des artisans, et des paysages déserts, bruts, sans trace aucune de culture humaine. Ce monde se ressent, se voit, se hume, se goûte, se parcourt. Mais il ne se parle pas. Ou si peu. Et si mal. La grande question de Wittgenstein, c'est ce qui peut se dire. Et ce qu'on fait mieux de taire.

Si quelqu'un ignore tout à fait ce qu'est la couleur verte et vient vous le demander, que pouvez-vous dire ? À la question, « c'est quoi, le vert ? », vous ne pourrez pas répondre de façon satisfaisante par des mots. Vous allez pouvoir seulement *montrer* des choses vertes. Vous allez pointer votre doigt vers du vert en disant : « Le vert, c'est ça ! »

Vous comprenez alors que le réel dont nous parlons est hors du langage. Nous devons parfois le désigner, simplement le montrer, faute de pouvoir véritablement le parler, en le décrivant avec des mots. C'est ce que Wittgenstein appelle « le mystique » : l'expérience directe du monde, hors des phrases. Indépendamment des conversations et des échanges, du bavardage interminable de la culture. Skjolden, la cabane à flanc de rocher, le fjord gelé ou sombre. Le silence des arbres. Le vert.

Ne croyez pas que j'ai oublié la marche. Ni la philosophie. Ni l'œuvre de Wittgenstein. En fait, nous y sommes. En plein, mais curieusement. Tout est curieux, chez lui, d'ailleurs. Expliquons. En tout cas, essayons.

Le projet de Wittgenstein est somme toute de marcher entre les mots. Pas en dehors. En dehors, on ne peut pas, il le sait très bien. Aucun être parlant ne sort du langage. Mais il peut tenter d'en déjouer des pièges et se désintriquer de liens illusoires. Il peut s'efforcer de défaire ce que Wittgenstein appelle les « crampes mentales », c'est-à-dire les fausses questions, les problèmes inexistants que nous nous épuisons à résoudre ou à croire insolubles, à explorer en tous sens, alors qu'il n'y a, à proprement parler, *aucun* problème. Seulement des malentendus et des incompréhensions.

Ce monde de mirages a justement un nom : c'est la philosophie, un univers en trompe-l'œil, fait de séries de perplexités, de graves impasses, de dilemmes insolubles… qui, en fait, n'existent pas ! Pour Wittgenstein, en effet, la philosophie et toutes ses questions naissent de notre incompréhension de l'usage des mots et de la nature du langage. Nous prenons pour des réalités existant par elles-mêmes des façons de parler, et nous ne sortons plus de ces fausses difficultés.

La solution doit être radicale : défaire la philosophie, détricoter ses questions. Dissoudre les crampes. Ce qui suppose, en quelque sorte, de marcher entre les mots – c'est-à-dire d'inventer des espaces, des interstices pour faire passer de l'air, de la distance, du recul. C'est ce qu'invente Wittgenstein avec les « jeux de langage ».

Ce sont de courtes scènes, des histoires étranges, parfois loufoques, au premier abord, qui font voir autrement les mots et les choses. Je sais, par exemple, qu'il n'y a pas de huitième sous-sol dans mon immeuble, et pourtant je ne l'ai jamais appris, et je ne me suis jamais posé la question. Je le sais seulement quand j'en parle, quand on me pose la question, pas avant.

Ces jeux ne sont pas des distractions mais des expériences. Ce sont des parcours mentaux, des découvertes spirituelles. Leur but : non pas jouer, plutôt mettre

« du jeu » – de la mobilité, de la souplesse – dans notre relation au langage.

Défaire la philosophie en marchant ainsi entre les mots est une tâche de très longue haleine. Je ne dirai pas qu'elle est interminable, ce qui pourrait laisser croire qu'elle puisse devenir infinie, donc vaine. Mais elle ne s'accomplit ni en un an ni en une vie. Ce sauvage savant et attentif que fut Wittgenstein en avait parfaitement conscience. C'est pourquoi il s'obstinait à marcher, mais aussi à montrer, par les jeux qu'il inventait, comment continuer, sans lui, à inventer de nouvelles échappées. À Cambridge, ses étudiants savaient qu'il ne faisait jamais cours dans un amphithéâtre, ni même une salle de classe. Il conviait de petits groupes dans son appartement et parlait, avec quelques notes sur un cahier. Ou bien, il emmenait les étudiants marcher avec lui sur le campus et réfléchissait en déambulant.

Cela ne vous rappelle rien ? Mais si, évidemment : ce Moderne réinvente les marches des philosophes antiques, comme il retrouve leur vie à l'écart et leurs exercices spirituels. La boucle est bouclée : les premiers philosophes marchaient, le dernier d'entre eux aussi. Pourquoi dire le dernier ? N'y a-t-il plus de philosophes après lui ? Si, bien sûr. Wittgenstein est malgré tout le dernier des philosophes, parce qu'il s'efforce de marcher vers le dehors de la philosophie. Son rêve est de la liquider, de la laisser derrière lui. Et de se promener, enfin libre.

« JE MARCHE EN PHILOSOPHE », QU'EST-CE QUE CELA VEUT DIRE ?

**Personne ne peut marcher à votre place.
Ni philosopher pour vous.
Ce sont des expériences
personnelles et subjectives.
Il est possible, malgré tout,
d'en parler à tous.**

SI « JE MARCHE EN PHILOSOPHE », je considère la marche comme la matrice du rapport humain au monde.

Cette expérience première, interminable et simple, je n'ai cessé de la reprendre en arpentant sans fin des bords de mer, des plages désertes, des étendues de sable parsemées d'écume, de rafales, de lichens. Marcher encore, là où s'arrête déjà la terre ferme, au bord d'un monde autre, fait d'eau dépourvue de traces, privé d'habitations, de végétation, de villes, de routes… parcourir la dernière frange marchable, en lisière de l'infini liquide où les pas perdent leur sens, cela m'a occupé des années.

Une autre version de la marche m'a souvent accaparé, elle aussi, qui fait monter vers les cols, descendre vers les vallées, toujours en dénivelée et jamais plus à plat. La montagne enseigne la perspective, les mutations des points de vue, et fait frôler, elle aussi, ce qu'on ne peut ni fouler ni dire – un dehors de l'humain, si proche et inaccessible mystère de la présence. De roc ou d'eau, horizontale ou verticale, la présence d'on ne sait quoi se donne à qui « marche en philosophe », attentif simplement à ce qu'il ignore pour toujours.

Dans la marche s'éprouve le lien direct, nu, de notre corps et du monde. Mon corps avance seul – sans support, sans machine, sans moteur –, faible et tenace. Mes pas sont minuscules, lents, dérisoires, au premier regard impuissants et débiles. Mais ils se répètent, se succèdent, s'enchaînent, s'accumulent. Ce qui était à l'horizon peu à peu s'approche. Seul, par mes propres forces, je parcours un fragment du monde. Si je « marche en philosophe », je prends mesure de cette fragilité et de cette puissance – et je comprends que les deux sont souveraines. Que la grande humilité de la marche est aussi un grand orgueil.

Je ne le saisis pas forcément d'un coup. Car la lenteur accompagne aussi la pensée. « Marcher en philosophe » n'implique pas d'aller vite, de tout saisir en deux enjambées.

Pour ma part, j'ai toujours marché lentement. Pas à pas, comme tout le monde. Mais jamais à rythme vif. Du plus loin que je me souvienne, cheminer en compagnie des rapides m'a mis mal à l'aise. Parents, amis, inconnus, peu importe, les bolides qui se déplacent à toute allure, soutenus par une énergie qui m'est inconnue, m'ont toujours semblé appartenir à une autre espèce.

Cette lenteur ne m'a pourtant jamais empêché de marcher beaucoup, longtemps, souvent. Au contraire, l'endurance a compensé ma parenté avec les escargots.

Parce que la vitesse ne fait rien à l'affaire : la marche est d'abord un triomphe de la patience modeste, de la ténacité du corps, de son ancrage dans le terrestre. Persévérer vaut mieux que courir. Tenir l'emporte sur fulgurer. L'important n'est pas le tempo, c'est la durée.

Avancer ainsi d'heure en heure en bord de mer, longer une falaise, traverser un bois, arpenter une ville étrangère, aborder le passage d'un col, faire chaque jour assez de pas pour sentir mes jambes, tout cela a forgé mes habitudes de vie. Pourtant, avant ce livre, je n'apercevais pas ces pérégrinations comme philosophiques.

À présent, je crois mieux comprendre et voudrais préciser. Pas pour échafauder une théorie. Juste pour éclairer comment s'agencent, pour qui se veut philosophe, marche, parole et pensée. En réalité, les trois ne forment en effet qu'une seule et même activité, déclinée selon des registres distincts, mais animée d'un seul et même mouvement interne.

Avant et arrière

Curieusement, dans ce processus, chacun va toujours de l'avant. Jamais personne ne marche en arrière, sauf par jeu – au risque de ne pas voir les obstacles ou les fossés. Même quand je fais demi-tour, même si je rebrousse chemin, je marche vers l'avant. Si « je marche en philosophe », je dois envisager aussi cela : seul existe ce qu'il y a devant – l'horizon, le pas d'après, le temps à venir. Certes, cette marche vers l'avant peut et doit être nourrie du passé, de l'archaïque, de principes antérieurs. Mais elle nous fait aller devant nous, et seulement devant.

Ce principe est général : le corps marche en avant, comme la phrase se poursuit vers les mots suivants, comme la pensée progresse vers l'idée d'après. Rien ne revient en arrière. Ni le corps ni la pensée. Ni le temps ni les mots. Encore une fois, le passé les habite. Il les imbibe, les irrigue. Mais ne les aspire pas.

Si « je marche en philosophe », il me vient l'idée que ce qu'on appelle « archaïque » n'est pas la vieille chose morte et dépassée qu'on croit. Marcher est archaïque, au sens de principiel, matriciel, originaire, c'est-à-dire constamment porteur de ressources et générateur de nouveautés. *Archè*, en grec ancien, dit le principe, la règle sur laquelle tout repose, qui prescrit l'ordre du monde. Généralement, on imagine ce principe statique, immobile. La marche – du corps, du monde, de l'histoire… – suggère au contraire que le principe a pour moteur l'instabilité, le déséquilibre qui seul permet son avancée perpétuelle.

Si « je marche en philosophe », je vais garder en tête cette extraordinaire profondeur de champ qui englobe l'histoire de la terre, de la vie, de l'espèce humaine. En marchant, je m'inscris, même pour quelques pas minuscules, dans cette histoire vertigineuse. C'est en marchant que l'espèce humaine a peuplé peu à peu toute la planète, parcourant pas à pas des distances gigantesques.

J'imagine des groupes disparates – familles, tribus, petites hordes – progressant lentement, à peine au-delà des précédents – se hasardant derrière la colline, juste après la rivière, de l'autre côté de la plaine, là où personne encore n'est jamais allé... Un jour, ils rebroussent chemin, le lendemain repartent, s'obstinent, d'autres les suivent, durant des générations, des siècles et des siècles. À pied, toujours. Dans la nuit des millénaires, avant l'histoire, la mémoire, les traces... des humains ont ainsi marché, vécu là où leurs semblables n'étaient pas encore parvenus, ne cessant d'avancer, obstinés et tenaces.

Pour conquérir le monde ? « monde » et « conquête » parlent de pouvoirs, de possessions, d'annexions militaires – ce sont des mots d'aujourd'hui, trompeurs, chargés de significations apparues bien plus tard. Les humains d'avant l'histoire ne conquéraient rien, à proprement parler. Ils habitaient la terre, marchaient pour demeurer plus loin, ailleurs, là où personne n'était allé.

Si « je marche en philosophe », je ne peux oublier que nous devons à ces périples innombrables et sans archives d'habiter tous les climats, les sols, les paysages. Les hominidés ont arpenté le globe, se sont incrustés partout – régions escarpées, torrides, glaciales. En fonction des environnements, ils ont élaboré modes de vie, sociétés, habitats, alimentations.

L'humanité a continué de marcher, sans cesse, sur de modestes ou de vastes échelles, enchaînant migrations, invasions, guerres, affrontements, exodes, exils. Par la marche humaine se constituèrent encore axes commerciaux, routes de marchandises et d'idées, se diffusèrent doctrines et croyances religieuses, œuvres poétiques, musiques, légendes… Impossible d'écarter cette connexion profonde et permanente entre marche et histoire humaines.

D'autant que l'histoire elle-même marche. À chaque époque, ce ne sont pas seulement des corps humains qui se sont déplacés, d'un lieu à un autre, sur leurs deux jambes. Ce qui a marché avec eux, en eux, par eux, furent des paroles, discours, idées, questions, connaissances, méthodes, tournures d'esprit, doctrines, interrogations, croyances… Des erreurs et des vérités. Des savoirs et des illusions. La marche de l'esprit est composée de ces myriades de trébuchements et d'élans retrouvés, de ces kyrielles d'errances et de repérages.

Écouter les mots

Si « je marche en philosophe », j'écoute aussi les mots. « Les philosophes disent, en y pensant, ce que tout le monde dit sans y penser », notait, au début du XXe siècle, un philosophe français aujourd'hui oublié, Edmond Goblot. Je crois cette remarque importante et profonde.

Ce que tout le monde dit sans y penser, une oreille philosophique s'efforce de l'entendre. Or, je dis fréquemment, et sans doute vous aussi, « faire ses premiers pas » quand il s'agit d'entamer une activité nouvelle,

« tout marche comme prévu » si un plan se déroule correctement, « les affaires marchent » quand les transactions s'accélèrent. Un spectacle, un film ou un livre « marchent », quand ils rencontrent les faveurs du public. Marcher, c'est réussir. Le terme, en français, a fini par signifier tout fonctionnement satisfaisant.

Je me souviens de l'expression « ça marche ! » Parmi les tics de langage des années 2000, elle avait fini par remplacer, en France, une série d'autres formules : « c'est d'accord », « compris », « ça sera fait », « bien noté », etc. tombaient en désuétude, remplacées par « ça marche ! » Comme si le fait de « marcher » était forcément le signe du bon fonctionnement, de l'absence d'obstacle, du travail correctement accompli.

L'anglais a d'autres usages. Personne ne dira qu'un moteur *walks* – pas plus qu'il ne viendrait à l'idée d'un francophone d'affirmer que sa voiture « ne travaille plus » quand elle tombe en panne. En français, un moteur, une machine, un mécanisme, une opération – chirurgicale ou boursière... – marchent ou ne marchent pas. « Ça marche ! », dit le Français. « It works », dit l'Anglais.

Ce détail n'est pas à négliger. Un monde où les moteurs « marchent » – tout comme les montres, les ordinateurs, les calculs – est-il différent d'un monde où tous ces mécanismes « travaillent » ? Pour considérer que les machines « marchent », il me semble qu'il faut une sorte d'animisme souterrain, d'anthropomorphisme diffus, peut-être une empathie secrète envers les choses. Avec pour contrepartie une moindre efficacité éventuelle. Si un moteur « marche », il risque de vivre sa vie, et de ne pas rapporter d'argent comme celui qui « travaille »...

Vous pourriez dire que je vous fais marcher. Car en français, « il nous a bien fait marcher » peut vouloir dire « il nous a bernés, nous a raconté des histoires », des fictions que nous avons prises pour la réalité. « Nous avons marché » signifie « nous y avons cru, nous nous sommes laissé prendre au jeu ». En ce cas, le terme désigne bien un espace imaginaire, et pas seulement une activité physique. En marchant, on avance dans une histoire, une pensée, un processus – pas dans un paysage. On progresse dans un espace autre que l'espace physique, même si cet espace mental y est inclus.

Et si nous ne marchions plus ?

Tout le monde le constate : pour aller ici ou là, pour travailler, faire nos courses, voyager, nous n'avons presque plus besoin de mettre un pied devant l'autre. Quelques pas suffisent. Les machines font le reste. L'humanité, dans les pays les plus développés, ne marche presque plus. Elle reste assise, ou debout, ou couchée, mais presque toujours immobile.

Ceux qui marchent encore sont miséreux, réfugiés, exilés, migrants. Ils fuient la mort plutôt qu'ils ne vivent, tentent de sortir des lieux de combat, d'extrême pauvreté, de changement climatique. Ceux qui marchent encore sont des fugitifs, des soldats, des sportifs, amateurs de trekking, de randonnées, de périples singuliers.

Essayons, un instant, de nous demander ce qui pourrait arriver si l'humanité ne marchait plus. La réponse est simple : tout s'arrêterait. Tout ? Le temps, l'espace, l'histoire, à terme la parole et la pensée. S'il est vrai que ces différents niveaux sont liés, s'ils constituent bien les éléments distincts d'une seule et même marche qui a commencé, pour les humains, sur leurs deux jambes, alors l'extinction progressive de la marche humaine serait bien celle de l'humanité sous tous ses aspects.

Inutile de faire vibrer la corde apocalyptique. La fin du monde qui marche n'est ni proche ni assurée. Mais le risque n'est pas nul. Une humanité qui marche moins pense moins, et n'a plus d'histoire. Ce n'est pas un effet du hasard si l'on voit coïncider, depuis un demi-siècle, la motorisation générale des déplacements, le culte de l'instantané, l'éclipse des visions d'avenir et la stagnation des idées. Ce n'est pas non plus un hasard si, dans cet immobilisme général, la marche redevient une pratique et une préoccupation.

Le temps de la marche n'est pas clos. Parce qu'ils prennent conscience, plus ou moins clairement, de l'éventualité de sa disparition, bon nombre de nos contemporains se remettent à marcher, et à réfléchir à la marche. Écrivains, scientifiques, philosophes, dirigeants, journalistes, hommes politiques, ingénieurs, médecins et quantité d'autres pratiquent la marche en amateurs, en sportifs ou en héros. Il ne s'agit pas seulement d'une mode, d'un passe-temps pour se maintenir en forme. Cette dimension est évidemment présente. Mais j'ai la conviction qu'elle est soutenue par autre chose, un ancrage à maintenir absolument dans notre rapport humain au monde, à la lenteur du corps avançant sur la terre.

Si la marche importe, c'est bien qu'elle fonde notre « faire corps » mobile avec les paysages, qu'elle constitue la mesure même de notre manière d'exister. Ce que savent, confusément ou non, ceux qui ne cesseront jamais de marcher, tient en peu de mots : dans l'endurance des bipèdes se joue la capacité de penser et de progresser.

C'est sans doute pour cette raison que la marche suscite tant de travaux ces dernières années. Aux États-Unis, on parle déjà de *walking studies* comme il existe, depuis longtemps, des *gender studies*. Les travaux scrutant les variations culturelles et anthropologiques de la marche se multiplient. Partant du constat que les activités les plus naturelles (manger, dormir, se reproduire) sont celles que les codes culturels transforment le plus, des chercheurs scrutent les transformations de la marche selon les époques, les civilisations, les classes sociales, les genres.

Voilà qui est une bonne chose, et peut-être un mauvais signe.

Que l'on s'avise enfin que l'étude minutieuse des démarches livre mille leçons d'histoire, de sociologie, d'anthropologie est une bonne chose. Longtemps négligées, les représentations de la marche entrent ainsi dans le domaine des objets de recherche féconds.

Mais cette attention nouvelle peut se lire aussi comme un indice du déclin de la marche elle-même. Aucun marcheur « naturel » ne songe à écrire une histoire de la marche, ni à étudier ses métamorphoses. Celui qui scrute ainsi la marche, et qui cherche à la comprendre, mesure déjà sa fragilité.

Heureusement, l'infini est sans issue

Pourquoi marcher encore ? Parce qu'il n'y a pas de fin au voyage des humains. Les pas d'un individu, un jour, s'arrêtent. Ceux des autres continuent. Ce qui paraît sans issue, à l'échelle de ma vie limitée, est en réalité sans fin. Infime, chaque pas. Infinie, la route.

Nos marches se terminent toujours, la marche ne s'arrête jamais. Mais tenter de penser cela nous plonge forcément dans l'embarras.

Les philosophes aiment bien l'embarras, les situations qui n'ont pas d'issue. Ils s'y installent volontiers. Ils y font même leur demeure. Cela dure depuis l'Antiquité. Les Grecs nommaient « apories » ces questions dont on ne voit pas comment sortir.

Le mot se compose d'un « *a* » privatif et de *poros*, qui désigne l'issue, la sortie. La plupart du temps, on imagine donc qu'une aporie est une impasse, un cul-de-sac, une ruelle close de murs, où l'on ne pourrait que rester immobile, sans pouvoir avancer.

Je ne crois pas cette interprétation pertinente. Parce que les questions sans réponse, loin de nous empêcher d'avancer, nous poussent, nous contraignent à aller continûment de l'avant.

« Je marche en philosophe » signifie donc, pour moi : je ne cesserai de toujours aller vers l'avant, tant qu'un pas me sera possible, qu'un souffle de vie me portera. Dans cette marche, j'ai conscience de parcourir un fragment infime de la marche infinie de l'espèce humaine. Car l'infini n'a pas d'issue, puisqu'on n'en sort jamais, qu'on y marche toujours.

Et c'est bien ainsi.

Remerciements

Je tiens à remercier chaleureusement Marie-Christine Guérin de m'avoir suggéré cette randonnée et d'en avoir accueilli le texte dans sa collection avec une amicale confiance.

Ma gratitude va également à Fabienne Reichenbach qui a suivi, au sein des éditions Paulsen, la marche de ce livre.

Dans la mise en forme du manuscrit, l'aide de Nicole Tiano m'a été précieuse.

Monique Atlan, ma compagne, a partagé ces promenades qui, sans elle, n'auraient su être allègres.

Références

J'indique ici, en bref, pour chacun des textes et récits, les références des citations et quelques lectures complémentaires.

Introduction
Sur les hypothèses actuelles de l'anthropologie, relatives à la place des grands singes dans l'évolution vers la marche bipède, voir Pascal Picq, *La Marche. Sauver le nomade qui est en nous*, Autrement, coll. « Les grands mots », 2015.

Chapitre premier (Empédocle)
Les éléments cités figurent dans le chapitre consacré à Empédocle par Diogène Laërce dans *Vies et doctrines des philosophes illustres*, traduction française sous la direction de Marie-Odile Goulet-Cazé, La Pochothèque, 1999, p. 980-1002.
Sur Empédocle, on se reportera aux travaux et traductions de Jean Bollack, notamment les trois volumes intitulés *Les Origines*, Gallimard, coll. « Tel », 1992.

Chapitre 2 (Protagoras)

La traduction utilisée du dialogue de Platon intitulé « Protagoras » est celle des *Œuvres complètes* de Platon, parues aux éditions Flammarion en un volume sous la direction de Luc Brisson (2008). Le passage cité (315 a et b) se trouve pages 1141-1142.

Sur les sophistes et leur rôle historique réel, on lira notamment les deux volumes de fragments présentés et traduits par Jean-François Pradeau, *Les Sophistes*, I et II, Flammarion, coll. « GF Philosophie », 2009 et les travaux de W.C.K. Guthrie, *Les Sophistes*, Payot, 1988, et de Mario Untersteiner, *Les Sophistes*, J. Vrin, tomes I et II, 1993.

Chapitre 3 (Platon)

La traduction de *La République* de Platon utilisée est celle des *Œuvres complètes* de Platon, parues aux éditions Flammarion en un volume sous la direction de Luc Brisson, 2008.

Chapitre 4 (Aristote)

Les éléments cités figurent dans le chapitre consacré à Aristote par Diogène Laërce dans *Vies et doctrines des philosophes illustres*, traduction française sous la direction de Marie-Odile Goulet-Cazé, La Pochothèque, 1999, p. 555-593.

Pour une première approche d'Aristote, voir le chapitre qui lui est consacré dans *Roger-Pol Droit, une brève histoire de la philosophie,* Flammarion, 2008, coll. « Champs essais », 2010.

Chapitre 5 (Pyrrhon)

L'histoire de Pyrrhon qui laisse tomber son maître Anaxarque d'Abdère dans un fossé est rapportée par Diogène Laërce, *op. cit.*, livre IX, § 63, p. 1101.
Sur ce philosophe, voir le livre de Marcel Conche, *Pyrrhon ou l'apparence*, PUF, 1994.

Chapitre 6 (Diogène de Sinope)

La scène où Diogène de Sinope observe une souris est rapportée par Théophraste, et reprise par Diogène Laërce, *op. cit.*, livre VI, § 22, p. 705, ce livre VI tout entier (p. 703-747) rassemblant les provocations et propos divers attribués à ce philosophe cynique.
Pour une découverte de cette philosophie, voir Marie-Odile Goulet-Cazé, *L'Ascèse cynique,* J. Vrin, 2000.

Chapitre 7 (Sénèque)

La meilleure traduction française des *Lettres à Lucilius* de Sénèque est celle de Paul Veyne, *Sénèque. Entretiens, Lettres à Lucilius*, Bouquins, 1993. La traduction utilisée de *La Brièveté de la vie* est celle de Pierre Pellegrin, Flammarion, coll. « GF Philosophie », 2005.
Ce texte emprunte plusieurs remarques à Timothy M. O'Sullivan dans *Walking in Roman Culture*, Cambridge, University Press, 2011.

Chapitre 8 (Apollonius de Tyane)

Texte grec et ancienne traduction française par A. Chassang, 1862, de la *Vie d'Apollonius de Tyane de Philostrate* sont disponibles en ligne sur le site remacle.org. Pour une première présentation des relations entre philosophes grecs, égyptiens et indiens dans l'Antiquité tardive, voir Roger-Pol Droit, *Généalogie des barbares*, Odile Jacob, 2007, en particulier le chapitre VII, « Philosophes mutants », p. 103-119.

Chapitre 9 (Bouddha)

Pour une première approche de la doctrine bouddhiste, voir Walpola Rahula, *L'enseignement du Bouddha d'après les textes les plus anciens,* Seuil, coll. « Point », 2004. Pour une étude savante, consulter les travaux d'André Bareau, notamment ses *Recherches sur la biographie du Buddha dans les Sutrapitaka et les Vinayapitaka anciens : de la quête de l'éveil à la conversion de Sariputra et de Maudgalyayna*. Paris, 1963.

Pour une étude des paradoxes du discours bouddhiste, voir Roger-Pol Droit, *Le silence du Bouddha,* Hermann, 2010.

Chapitre 10 (Lao Zi)

Parmi les nombreuses traductions du *Tao Te King*, je retiens celle de Stephen Mitchell, Synchronique Editions, 2008.

Chapitre 11 (Confucius)
Parmi les multiples éditions des *Entretiens de Confucius et de ses disciples*, la plus accessible est la traduction de Pierre Ryckmans, Folio, 2005. Voir également, comme première introduction, Jean Lévi, *Confucius*, Albin Michel, 2003.

Chapitre 12 (Hillel)
Sur Hillel, voir le livre de Mireille Hadas-Lebel, *Hillel, un sage au temps de Jésus*, Albin Michel, 2005.

Chapitre 13 (Shankara)
La meilleure introduction à l'œuvre de Shankara est celle de Michel Hulin, *Shankara et la non-dualité*, Bayard, 2001.

Chapitre 14 (Milarépa)
D'excellentes *Œuvres complètes* de Milarépa sont disponibles en français, traduites du tibétain par Marie-José Lamothe, Fayard, 2006.

Chapitre 15 (Guillaume d'Ockham)
Voir *La Somme de logique*, traduite par Joël Biard, Trans-Europ-Repress, 1989, et l'étude de Pierre Alfiéri, *Guillaume d'Ockham le singulier*, Éditions de Minuit, 1989.

Chapitre 16 (Montaigne)

Ce texte reprend certains éléments du chapitre « Le branle de Montaigne » in Roger-Pol Droit, *La compagnie des philosophes*, Odile Jacob, 1998, p. 81-84.

Parmi les très nombreux livres sur Montaigne, on retiendra, dans les parutions récentes, Antoine Compagnon, *Un été avec Montaigne*, coll. « Parallèles », 2013. Sarah Bakewell, *Comment vivre ? Une vie de Montaigne*, Le Livre de Poche, 2014, et la biographie novatrice de Christophe Bardyn, *Montaigne, la splendeur de la liberté*, Flammarion, 2015.

Chapitre 17 (Descartes)

Les textes de Descartes sont accessibles dans de nombreuses éditions de poche et disponibles également en ligne. Pour guider la lecture, on se reportera par exemple à Pierre Guenancia, *Lire Descartes*, Folio, 2000, et au livre collectif sous la direction de Denis Kambouchner et Elodie Cassan, *Lectures de Descartes*, Ellipses, 2015.

Chapitre 18 (Diderot)

Les textes de Diderot sont eux aussi accessibles dans de nombreuses éditions de poche et disponibles en ligne. Ce chapitre est né de plusieurs remarques de Jean Starobinski in *Diderot, un diable de ramage*, Gallimard, 2012.

Chapitre 19 (Rousseau)

Pour une approche philosophique de Rousseau, voir Paul Audi, *Rousseau, une philosophie de l'âme*, Verdier, 2008.

Chapitre 20 (Kant)

Pour une biographie de Kant, voir Arsenii Goulyga, *Emmanuel Kant, une vie,* Aubier, 1993. Pour une première approche, voir le chapitre qui lui est consacré dans Roger-Pol Droit, *Une brève histoire de la philosophie*, Flammarion, 2008, coll. « Champs », 2010.

Chapitre 21 (Hegel)

Sur les cinq jours où Hegel a marché en montagne, du 25 au 31 juillet 1796, voir G.W.F. Hegel, *Journal d'un voyage dans les Alpes bernoises*, Jérôme Millon, 1998, et pour la biographie Jacques d'Hondt, *Hegel*, Calmann-Lévy, 1998.

Chapitre 22 (Csoma de Kõrös)

La meilleure biographie d'Alexandre Csoma de Kõrös demeure celle de Theodore Duka, *Life and works of Alexander Csoma de Kõrös*, London, Trübner, 1885. Sur ce pionnier des études tibétaines, voir également Roger-Pol Droit, *L'oubli de l'Inde* (op. cit.) et *Le Culte du néant. Les philosophes et le Bouddha* (op. cit.)

Chapitre 23 (Marx)

Les textes cités se trouvent aisément en ligne.

Chapitre 24 (Thoreau)

La traduction française de *Walking* la plus accessible est celle de Thierry Gillybœuf : Henry David Thoreau,

De la marche, Mille et une nuits, 2003.

Chapitre 25 (Kierkegaard)

Les lettres citées se trouvent dans Søren Kierkegaard, *Correspondance.* Traduit du danois, présenté et annoté par Anne-Christine Habbard, Éditions des Syrtes, 2003. Sur la pensée de cet auteur, voir notamment Vincent Delecroix. *Singulière philosophie. Essai sur Kierkegaard*, Le Félin, 2006.

Chapitre 26 (Nietzsche)

Les textes cités sont extraits des *Œuvres* de Nietzsche en deux volumes sous la direction de Jean Lacoste et Jacques Le Ridder, Bouquins, 1993. Sur Nietzsche et la marche, excellent chapitre : « Pourquoi je suis si bon marcheur » dans Frédéric Gros, *Marcher, une philosophie*, Carnets nord, 2009.

Chapitre 27 (Wittgenstein)

Sur la vie de Ludwig Wittgenstein, on consultera notamment Ray Monk, *Le devoir de génie,* traduit de l'anglais par Abel Gerschenfeld, Flammarion, 2009, et Christiane Chauviré, *Wittgenstein*, Seuil, 1989.

Pour une première approche, voir les chapitres consacrés à Wittgenstein dans Roger-Pol Droit, *La compagnie des philosophes* (op. cit.) et *Une brève histoire de la philosophie* (op. cit.).

Orientation bibliographique

À l'usage de ceux qui voudraient prolonger leur lecture, je signale ici, par ordre alphabétique, les principaux essais ou anthologies qui ont accompagné mon travail, parmi les nombreux travaux consacrés à la marche et aux textes qu'elle a inspirés. Si le lieu de publication n'est pas indiqué, il s'agit de Paris.

Antoine de Baecque, *La Traversée des Alpes. Essai d'histoire marchée*, Gallimard, coll. « Bibliothèque des Histoires », 2014.

Antoine de Baecque, *Une histoire de la marche*, Perrin, 2015.

Roger Gilbert, *Walks in the World. Representation and Experience in Modern American Poetry*, Princeton University Press, 1991.

Frédéric Gros, *Marcher, une philosophie*, Carnets Nord, 2009.

Christophe Lamoure, *Dictionnaire philosophique et vagabond de la marche (et du marcheur…)*, Milan, 2013.

David Le Breton, *Marcher. Éloge des chemins et de la lenteur*, Métailié, coll. « Suites », 2012.

Frank Maubert, *L'Homme qui marche,* Fayard, 2015.

Timothy M. O'Sullivan, *Walking in Roman Culture*, Cambridge University Press, 2011.

Pascal Picq, *La Marche. Sauver le nomade qui est en nous.* Autrement, coll. « Les grands mots », 2015.

Rebecca Solnit, *Wanderlust. A History of Walking*, Verso, London-New York, 2001, traduction française : *L'Art de marcher,* traduit de l'anglais par Oristelle Bonis, Actes Sud, coll. « Babel », 2004.

Patrick Viveret, Mathieu Baudin, *Le Bonheur en marche*, Guérin, Chamonix, 2015.

Anthologies

Écrivains randonneurs, textes choisis et présentés par Antoine de Baecque, Omnibus, 2013.

Les Voix de Compostelle, de saint Augustin à Jean-Christophe Rufin, textes choisis et présentés par Antoine de Baecque, Omnibus, 2015.

Petite bibliothèque du marcheur, présentée par Frédéric Gros, Flammarion, coll. « Champs classiques », 2011.

Du même auteur

Pour plus d'informations, voir www.rpdroit.com

Enquêtes philosophiques

L'Oubli de l'Inde, Une amnésie philosophique, PUF, 1989. Nouvelle édition revue et corrigée, Le Livre de Poche, coll. « Biblio Essais », 1992. Réédition Seuil, coll. « Points Essais », 2004.

Le Culte du néant, *Les Philosophes et le Bouddha,* Seuil, 1997. Réédition Seuil, coll. « Points Essais », 2004.

Généalogie des barbares, Odile Jacob, 2007.

Les Héros de la sagesse, Plon, 2009. Réédition Flammarion, coll. « Champs essais », 2012.

Le Silence du Bouddha, Hermann, 2010.

Avec Monique Atlan :
Humain. Une enquête philosophique sur ces révolutions qui changent nos vies, Flammarion, 2012. Réédition Flammarion, coll. « Champs essais », 2014.

L'espoir a-t-il un avenir ? Flammarion, 2016.

Explications philosophiques

La Compagnie des philosophes, Odile Jacob, 1998. Réédition Odile Jacob, coll. « Poches », 2002. Réédition Odile Jacob, coll. « Bibliothèque », 2010.

La Compagnie des contemporains. Rencontres avec des penseurs d'aujourd'hui, Odile Jacob, 2002.

Les Religions expliquées à ma fille, Seuil, 2000.

La Philosophie expliquée à ma fille, Seuil, 2004.

L'Occident expliqué à tout le monde, Seuil, 2008.

L'Éthique expliquée à tout le monde, Seuil, 2009.

Une brève histoire de la philosophie, Grand Prix du Livre des professeurs et maîtres de conférences de Sciences

Po, 2009, Flammarion, 2008. Réédition Flammarion, coll. « Champs essais », 2010.
Osez parler philo avec vos enfants, Bayard, 2010.

Vivre aujourd'hui avec Socrate, Épicure, Sénèque et tous les autres Odile Jacob, 2010. Réédition Odile Jacob, coll. « Poches », 2012.

Maîtres à penser. 20 Philosophes qui ont fait le XXe siècle, Flammarion, 2011. Réédition Flammarion, coll. « Champs essais », 2013.

Ma philo perso de A à Z, Seuil, 2013.

La Philosophie ne fait pas le bonheur... et c'est tant mieux !, Flammarion, 2015.

Qu'est-ce qui nous unit ?, Plon, 2015.

Expériences et contes philosophiques

101 expériences de philosophie quotidienne, Odile Jacob, 2001. Prix de l'essai France-Télévision, 2001. Réédition Odile Jacob, coll. « Poches », 2003.

Dernières nouvelles des choses. Une expérience philosophique, Odile Jacob, 2003. Réédition Odile Jacob, coll. « Poches », 2005.

Votre vie sera parfaite. Gourous et charlatans, Odile Jacob, 2005.

Un si léger cauchemar (fiction), Flammarion, 2007.

Où sont les ânes au Mali ? Seuil, 2008.

Petites expériences de philosophie entre amis, Plon, 2012. Réédition Poche Marabout, 2013.

Si je n'avais plus qu'une heure à vivre, Odile Jacob, 2014. Réédition Odile Jacob, coll. « Poches », 2015.

Ouvrages en collaboration

La Chasse au bonheur, avec Antoine Gallien, Calmann-Lévy, 1972.

La réalité sexuelle. Enquête sur la misère sexuelle en France, avec Antoine Gallien, préface du Dr Pierre Simon, Robert Laffont, 1974.

Philosophie, France, XIXe siècle. Écrits et opuscules. Avec Stéphane Douailler et Patrice Vermeren, Le Livre de Poche, coll. « Classiques de la philosophie », 1994.

Des idées qui viennent. Avec Dan Sperber, Odile Jacob, 1999.

Le Clonage humain. Avec Henri Atlan, Marc Augé, Mireille Delmas-Marty, Nadine Fresco, Seuil, 1999.

La Liberté nous aime encore, avec Dominique Desanti et Jean-Toussaint Desanti, Odile Jacob, 2002. Réédition Odile Jacob, coll. « Poches », 2004.

Fous comme des sages. Scènes grecques et romaines, avec Jean-Philippe de Tonnac, Seuil, 2002. Réédition Seuil, coll. « Points Essais », 2006.

Michel Foucault, entretiens. Odile Jacob, 2004.

Chemins qui mènent ailleurs. Dialogues philosophiques, avec Henri Atlan, Stock, 2005.

Vivre toujours plus ? avec Axel Kahn, Bayard, 2008.

Le Banquier et le philosophe ? avec François Henrot, Plon, 2010.

Direction d'ouvrages collectifs

Présences de Schopenhauer, Grasset, 1989. Réédition Le Livre de Poche, coll. « Biblio Essais », 1991.

Science et philosophie, pour quoi faire ? Premier forum *Le Monde* Le Mans, Le Monde-Éditions, 1990.

Les Grecs, les Romains et nous. L'Antiquité est-elle moderne ? Deuxième forum *Le Monde* Le Mans, Le Monde-Éditions, 1991.

Comment penser l'argent ? Troisième forum *Le Monde* Le Mans, Le Monde-Éditions, 1992.

L'Art est-il une connaissance ? Quatrième forum *Le Monde* Le Mans, Le Monde-Éditions, 1993.

Où est le bonheur ? Cinquième forum *Le Monde* Le Mans, Le Monde-Éditions, 1994.

L'Avenir aujourd'hui. Dépend-il de nous ? Sixième forum *Le Monde* Le Mans, Le Monde-Éditions, 1995.

Philosophie et démocratie dans le monde. Une enquête de l'UNESCO. Préface de Federico Mayor, Le Livre de Poche, Éditions UNESCO, 1995.

Jusqu'où tolérer ? Septième forum *Le Monde* Le Mans, Le Monde-Éditions, 1996.

Agir pour les droits de l'homme au XXIe siècle. En collaboration avec Federico Mayor, Éditions UNESCO, 1998.

Lettres aux générations futures. En collaboration avec Federico Mayor, Éditions UNESCO, 1999.

Philosophie/lycée, Éditions de la Cité, coll. « Manuel + », 2000. Réédition revue et augmentée Bordas, 2004.

L'Humanité toujours à construire. Regard sur l'histoire intellectuelle de l'UNESCO 1945-2005, Éditions UNESCO, 2005, traduit en anglais.

Philosophies d'ailleurs (deux volumes), Hermann, 2009.

Vivre ensemble. Entre temps court et temps long, Forum du CESE sur le vivre ensemble, PUF, 2013.

Figures de l'altérité, PUF, 2014.

Vivre ensemble. Entre richesse et pauvreté, Forum du CESE sur le vivre ensemble, PUF, 2014.

Vivre ensemble. Entre unité et diversités, Forum du CESE sur le vivre ensemble, PUF, 2015.

Vivre ensemble le changement climatique. Entre agir et subir, Forum du CESE sur le vivre ensemble, PUF, 2015.

Les livres de Roger-Pol Droit sont traduits en 32 langues.

Table des matières

Troisième promenade
EN COMPAGNIE DE MARCHEURS MÉTHODIQUES ET DE FLÂNEURS LIBRES

Quatrième promenade

EN COMPAGNIE D'ÉNERGUMÈNES MODERNES

« JE MARCHE EN PHILOSOPHE », QU'EST-CE QUE CELA VEUT DIRE ?

Achevé d'imprimer par Ermes Graphics
à Turin (Italie) en septembre 2016
Dépôt légal : octobre 2016
ISBN : 978-2-35221-152-5